Édité par :

SPIRITUAL BOOK France

33, Rue Roger Cadel

F 57540, Petite Rosselle

Tél. : 06.11.60.37.55

2001

Selim Aïssel

COMPRENDRE ET VIVRE

LES PAROLES QUI GUERISSENT

Commentaires initiatiques
du *Chant de l'Eternité*

Les étapes du Chemin
de la Sagesse vers l'Eveil

Spiritual Book France

TABLE DES MATIERES

AVERTISSEMENT

Ce volume est composé de cours et de conférences données pas Selim Aïssel. Il s'en dégage donc un style parlé que j'ai retranscrit de façon fidèle pour en préserver au maximum l'élément vivant. C'est ce qui explique certaines répétitions et les tournures particulières au langage oral. D'autre part, Selim Aïssel n'a pas pu revoir l'ensemble des textes.

Ces retranscriptions s'inscrivent dans le cadre d'un *Enseignement* oral transmis par un Instructeur vivant et constituent un volume d'une série regroupée dans la collection *"4ᵉ Voie"*.

Cet *Enseignement* est basé sur les *Enseignement*s des Maîtres de Sagesse, de G.I. Gurdjieff, P.D. Ouspensky, M. de Faria, P.K. Ançari et la Psycho-Anthropologie.

Lise Surmely

Les stances citées dans cet ouvrage
sont extraites du livre :

" Le Chant de l'Eternité"
de Selim Aïssel

2e édition publiée
aux Editions de la Lumière.

AVANT-PROPOS

Le Chant de l'Eternité renferme entièrement le deuxième aspect du Chemin : le comportement extérieur à adopter par le chercheur pour avancer sur le Chemin. Sans l'adoption des qualités nobles dans le comportement extérieur, aucun avancement ne sera possible, nous dit Selim Aïssel, car le travail sur l'Etre ne sera pas réalisé. La Connaissance, c'est-à-dire l'avoir, sans l'être, ne peut mener au bout du Chemin.

Chaque stance est une étape sur le chemin du retour à l'Immortalité et la guérison de l'âme. Chacune d'elles parle d'une qualité supérieure qu'il est nécessaire d'acquérir pour arriver à l'Eveil, à la deuxième naissance, celle de notre *essence*, de notre Moi supérieur.

Comprendre l'*Enseignement*, c'est s'éveiller à tous nos *moi* inférieurs, à tous nos défauts que nous devons quitter pour retrouver ce qui en nous "est" éternellement. C'est être présent dans l'instant à nos conditionnements, à nos faiblesses, car "c'est dans l'instant qu'on peut trouver la porte qui ouvre sur l'Eternité". Cet *Enseignement* nous dit : "Devenez l'observateur, c'est là le seul processus créateur de votre âme, de votre *essence*, le seul qui éveille votre Moi supérieur".

Malgré tous nos défauts, une chance unique nous est donnée et nous pouvons avoir une profonde gratitude envers tous les Maîtres qui, depuis le début des temps, se réincarnent sans cesse pour nous transmettre sans relâche cet *Enseignement* et en particulier envers Selim Aïssel à qui nous devons la retranscription de ces stances.

Comme tous les livres sacrés, ce livre renferme différents niveaux de compréhension. C'est pour nous aider à découvrir toutes les richesses contenues dans ces stances que le Maître de la 4eVoie, tout au long de ses entretiens, soulève peu à peu les voiles. Il nous invite à *comprendre* son *Enseignement*, c'est-à-dire à le *prendre en nous* pour franchir toutes les étapes du chemin de la Sagesse.

Le Chant de l'Eternité est l'outil le plus précieux qui nous a été donné par les Sages, la plus grande aide pour acquérir un jour les qualités nobles qui y sont décrites, à condition de nous fixer des buts journaliers pour corriger les erreurs que nous avons observées et de ne plus dévier de la ligne fixée.

Le Chant de l'Eternité sera l'écrit le plus important du siècle qui s'ouvre aujourd'hui. Puisse-t-il être une lumière pour tous les "Chercheurs de Vérité".

Lise Surmely

PREAMBULE

Chacune des stances du *Chant de l'Eternité* (2e édition) est censée faire avancer d'un pas vers l'Eternité celui qui l'entend, qui la comprend et parce qu'il l'a comprise, l'aime et, parce qu'il l'a aimée, la pratique.

Remercier le Créateur pour les richesses révélées

Le *Chant* commence par ces mots de dédicace et de remerciements : "Je remercie tous ceux qui ont aidé à la réalisation de ce recueil. Je rends grâce à Dieu pour toutes les richesses qu'Il nous a révélées afin de nous guider vers Lui". Toutes les richesses, tout ce qu'on peut découvrir de beau, nous ont été donnés par Dieu. S'Il n'avait pas décidé que nous puissions le voir, le percevoir, nous ne le verrions pas. Tout ce qui est beau, nous le percevons parce qu'Il a décidé que cela nous soit révélé, et parce que tout ce qui est beau est une partie de Lui-même. Ce qui signifie qu'Il nous a permis de voir ce qui est beau pour que, étape après étape, nous puissions arriver à Lui, l'absolue beauté.

Arriver à voir les signes de l'existence de l'absolue beauté

Ensuite, il y a un petit texte qui est précédé par ce qu'on appelle l'ouverture du Coran, qui est le livre sacré de la dernière grande religion révélée. Le Coran est le livre dicté par l'archange Gabriel au prophète Mohammed, qui est lui-même considéré comme le sceau des prophètes, le dernier des prophètes. Les deux choses sont vraies : L'Islam est la dernière religion révélée et Mohammed est le dernier vrai prophète. Une fois que Mohammed a reçu les paroles, l'archange Gabriel lui a dit de les réciter aux autres et il n'a fait que réciter ce qu'il a entendu.

A l'époque du prophète, il existait déjà des hommes qui suivaient *l'Enseignement des Ecoles de sagesse* auprès de ce qu'on appelle les *maîtres de sagesse* et qui, dans le cadre de l'Islam, sont devenus ce qu'on appelle les soufis. Pour le soufi, la seule recherche intéressante, la recherche essentielle est celle de Dieu, d'Allah, de l'Eternité, de l'Immortalité. Pour le soufi, tous ces mots ne sont pas une abstraction, il fait de chaque instant qui passe un moment de recherche et en même temps de découverte, soit de la beauté, soit de l'Amour. A chaque instant, cette beauté représente un fragment de Dieu, comme peut le représenter une fleur, un ami ou un *maître* dans le cadre d'une recherche spirituelle. Puis le texte cite ces paroles du prophète qui ne viennent pas du Coran, mais des "Hadith", recueil de ce que le prophète a dit ou fait : "Dieu est beau et il aime la beauté."

Pour le soufi, il y a deux types d'êtres humains : il y a les amis de Dieu d'une part et d'autre part l'homme du commun, pour la *4eVoie*, l'homme ordinaire. L'homme du commun est l'homme prisonnier de son ego, qui a une connaissance limitée de lui-même et une vision tout à fait relative du monde. Il est dans l'état que décrit le Coran :

> *"Il est sur Terre et en vous-même des signes, et vous ne voulez pas les voir".*

Les signes dont il est question sont tous les signes de la beauté, à tous les niveaux des êtres, l'homme du commun ne peut pas les voir. Il ne peut pas comprendre qu'ils soient les signes de l'existence, de l'absolue beauté. Le soufi, quant à lui, doit les découvrir et il entend une autre parole, celle de Rumi, à qui Dieu dit :

> *"J'étais un trésor caché et je désirais être trouvé, j'ai alors créé le monde, afin qu'il me trouve."*

Un seul pas suffit pour commencer à se dépasser soi-même

Le soufi comprend qu'il lui faut se dépasser lui-même et peut-être suffit-il d'un seul pas comme le dit un des maîtres soufis, car il voit ce pas de la façon suivante : le *Chemin* consiste en un seul pas, le chemin en dehors de son ego vers l'Absolu.

Chacune des stances est ce pas possible. Ce pas conduit à l'Eternité et passe par la rencontre du *Maître spirituel*. Il nous guide sur la *Voie*, car personne ne rencontre Dieu, s'il n'a d'abord rencontré son envoyé. Pour le soufi, la vie sans un maître est comme un sommeil profond, comme une mort déguisée en vie.

Les Stances construites sur le schéma de l'ennéagramme

L'ouverture du Coran est :

"Au nom de Dieu, le clément, le miséricordieux"

La première sourate est bâtie exactement de la même façon que sont bâtis, sur le schéma de l'ennéagramme, les dix commandements, le Notre-Père et les Béatitudes. La sourate, bâtie de la même façon, est la suivante :

Louange à Dieu, le Maître des Mondes,
Le clément, le miséricordieux
Roi du jour du jugement
C'est Toi que nous adorons
Et c'est en Toi que nous cherchons le secours
Garde-nous sur la Voie droite
Sur la Voie de ceux qui ont reçu Ta grâce
Non de ceux sur qui est Ta colère
Ni de ceux qui errent.

Et le *Chant de l'Eternité* commence ensuite par la stance d'ouverture :

> *Fils et Filles de la Terre*
> *Je veux vous enseigner*
> *Le retour à l'Immortalité...*

Puis elle dit une chose :

> *"Vous avez été choisis*
> *Parmi les enfants de l'Eternité...*
> *Pour sauver la Terre et les hommes"*

"Vous avez été choisis parmi les enfants de l'Eternité..."

En fait, vous avez été choisis parmi toute la Création, parmi tout ce qui est issu de l'Absolu. Toutes les créatures sont les enfants de l'Eternité. En réalité, est choisi celui qui se choisit, qui décide volontairement quelque chose, car être choisi ne suffit pas. Si vous ne répondez pas au choix, si vous ne faites rien, il ne se passe rien ! Le problème est ce que l'on fait après ce choix. Il faut essayer de comprendre les stances. Tout l'*Enseignement* et toutes les réponses s'y trouvent.

"Pour sauver la Terre et les hommes..."

Ceux qui se choisissent peuvent sauver la Terre et les hommes. La Terre comme les hommes sont condamnés à une forme de disparition qui pourrait se produire assez rapidement par une catastrophe écologique qui menace l'humanité. Aujourd'hui, l'esprit de ceux qui pensent d'une façon plus écologique peut empêcher la destruction de la biosphère. Dans le pire des cas, si la biosphère est détruite, l'être humain disparaît de la Terre. L'anthroposophie et la théosophie nous disent qu'un jour, la Terre ne sera plus matérielle, mais uniquement composée d'esprits humains, et comme vous le savez, l'esprit qui n'est plus incarné dans un corps est illimité, envahit tout, il entre dans le domaine de l'Absolu. L'esprit ne connaît pas de limites matérielles. Le lieu de l'esprit est le temps, dégagé de l'espace. Ceux qui se seront choisis et qui auront donné naissance à une véritable âme, un véritable esprit, permettront à l'humanité de continuer d'exister à travers l'esprit, peut-être à travers une forme physique ailleurs.

" Vous gravirez les marches du Temple..."

Ce temple est le cœur, le temple intérieur. C'est le cheminement possible de *l'essence* vers la *quintessence* avec la possibilité d'arriver à l'Immortalité.

> *Fils et Filles de la Terre*
> *Je veux vous enseigner*
> *Le retour à l'Immortalité*
> *Vous avez été choisis*
> *Parmi les enfants de l'Eternité*
> *Pour sauver la Terre et les hommes*
> *Au sommet de la montagne sacrée*
> *Vous gravirez*
> *Les marches du Temple*
> *De l'Initiation*

Les stances : l'écrit le plus important

Les stances contiennent non seulement le deuxième aspect du travail, c'est-à-dire le comportement extérieur, mais également tout *l'Enseignement* théorique et pratique. En fait, elles contiennent tout. Je disais récemment à un petit groupe qui se réunit pour travailler les stances que, parmi tous les écrits, le seul qui durerait est *Le Chant de l'Eternité*. Tous les autres écrits dureront cinquante, cent, peut-être deux cents ans, les stances, elles, vivront mille ans. Quelqu'un m'a dit récemment : "Lorsque je l'ai lu pour la première fois, je me suis dit, voilà un écrit qui est vieux de mille ans déjà". En tout cas, c'est l'écrit le plus important, et du point de vue de la Psycho-Anthroposophie (P.A.), on peut considérer que les stances sont le premier écrit du troisième millénaire, d'un Nouvel Age qui a ses racines dans l'ancien.

Beaucoup d'attitudes nobles sont décrites dans les stances et lorsque vous lisez les stances, vous voyez que chacune d'elles est une pratique. Elles ont toutes une première signification extérieure et une signification tout à fait intérieure.

Nécessité de la réceptivité

Au début, j'avais écrit : *O Fils de la Veuve, O Fille de la Veuve !* Et ces stances étaient destinées à un cercle d'initiés particulier, à des écoles ésotériques particulières. Ces écoles ésotériques ne les ont pas reçues, elles n'ont pas reconnu ce qu'elles représentaient. A ce moment-là, la publication pouvait sortir du cercle de ces initiés et devenir une publication pour tout le monde. Pour cette raison, j'ai écrit : *O Fils ou Filles de la Terre !* Elles ne s'adressent plus seulement à un cercle fermé. Entre temps, ce cercle fermé me fait le reproche de les avoir fait éditer avec "O Fils ou Fille de la Terre", adressé à tout le monde, puisque l'*Enseignement* le plus secret qui est contenu dans ces stances ne s'adresse pas à tout le monde.

Ces stances commencent donc par *O Fils ou Filles de la Terre,* Fils ou Filles signifient des essences, des esprits qui sont encore capables de croître. Voilà à qui nous nous adressons, à des gens qui ont encore un potentiel de croissance important, qui sont loin de la maturité. C'est pour cette raison qu'on s'adresse à eux en voulant leur enseigner quelque chose. On ne peut être enseigné que par quelque chose de tout à fait nouveau qu'on ne possède pas encore. Si on croit le posséder, on ne peut plus l'apprendre. Mais si on est dans l'état d'un "fils", dans l'état de quelqu'un qui est capable de croître, de quelqu'un qui est encore capable d'être enseigné, donc d'apprendre, à ce moment-là tout reste possible. Tandis que si on croit avoir compris, même si on lit mille fois une stance, même si on vous l'a expliquée mille fois, on ne peut rien recevoir ou si peu de chose à côté de ce qu'on peut recevoir dans l'état d'esprit juste.

Et il y a l'autre aspect des choses, c'est le "je veux" qui traduit l'idée de la volonté. Celui qui dit cela, celui qui a écrit cela, a la possibilité de le faire, a la force suffisante pour que les choses se fassent, c'est-à-dire que le petit verbe qui a été mis là, "je veux t'enseigner", n'y est pas par hasard, il est lié à une capacité créatrice de ceux ou de celui qui ont transmis ces choses depuis des siècles.

Comprendre les stances grâce à une conscience supérieure

Pour comprendre les stances, l'être humain doit recevoir une information particulière. Il est ainsi fait qu'il ne peut rien comprendre par lui-même. Ayant reçu cette information, il peut la vérifier et quand il l'a vérifiée, alors seulement il peut la comprendre.

Tout ce que l'être humain croit avoir compris est lié aux conditionnements, à tout ce qui a été mis en lui depuis son enfance. Et tout ce qu'il a reçu ainsi est inscrit dans son centre des instincts, c'est tout ce qui est instinctif. C'est une vieille compréhension qui date du début des premières cellules, elle est inscrite dans la mémoire des cellules, donc dans le domaine des instincts, dans le centre physique. Cette compréhension n'est pas devenue une compréhension intellectuelle, mais elle est restée un mode de fonctionnement.

Comprendre la réalité est donc chose impossible pour l'être humain. Pour qu'il comprenne, il faut qu'une autre forme de conscience, qui a déjà compris, lui transmette une information et lui dise quels sont les moyens de la vérifier. Quand il l'a vérifiée, cela devient son propre potentiel, sa compréhension. Mais de par lui-même, l'être humain ne peut pas comprendre. La raison essentielle en est qu'il est trop empli d'autres choses, ce sont tous les conditionnements, sans exception.

Dans les mythologies, c'est très intéressant de voir comment la compréhension se passe, comment l'évolution humaine se passe. Les humains sont là, perdus sur Terre, et puis débarquent des demi-dieux ou ce qu'on appelait autrefois des héros - qui souvent sont aussi des demi-dieux - qui apportent quelque chose ou accomplissent un exploit pour les hommes et à partir de là, ils donnent quelque chose aux hommes. Cela nous montre que l'être humain par lui-même ne peut rien, il a complètement chuté, il essaye de sortir de l'animalité et il n'est qu'instinct. Il a la potentialité de l'éveil, de l'intelligence, mais il faut que quelque chose lui soit apporté. Et là est le travail de ceux qu'on appelait autrefois les dieux ou les demi-dieux, les héros.

Au départ, dans une stance, on comprend un premier sens, on comprend les mots, on peut comprendre l'image, on peut comprendre la beauté d'une image. Ensuite on rajoute la musique, on peut être touché aussi par la musique qui porte des mots. Et puis, de temps en temps, une ou deux ou trois explications différentes pour une stance sont données. Tout cela, en fait, sont des morceaux du puzzle de la stance elle-même, de son sens profond. Les mouvements qu'on peut faire sur une stance, la musique ou les musiques qui l'accompagnent, les sens intellectuels expliqués, tous ces éléments servent un jour à saisir la totalité de l'information "stance". Petit à petit, tout ce qui est transmission d'une information de nature supérieure finit par faire son chemin. Avec le temps cela va transformer celui qui écoute, celui qui chante, même si au départ il ne comprend pas.

Chanter les stances : les vivre et notre vie devient grande

Certains se demandent pourquoi nous chantons l'*Enseignement*. Nous le chantons parce que nous avons l'espoir que les notes portées par la musique vont au-delà de l'esprit qui comprend et qu'après elles vont vraiment aller dans le cœur. Et là dans le cœur, au-delà de l'esprit qui comprend, nous avons un autre espoir, c'est que du cœur elles passent dans la vie. Et en plus, si vous chantez des stances et si vous essayez d'entrer vraiment dans ce chant, vous verrez qu'elles vous apportent de la joie.

Nous, nous essayons d'aimer les mots, d'aimer les musiques et d'appliquer les paroles en même temps. C'est ainsi que la vie devient belle. Beaucoup de gens se contentent de la beauté des chansons ou de la beauté des films qu'ils voient à la télévision ou au cinéma ou des livres qu'ils lisent et ils croient que c'est fait ; ce n'est pas fait ! Ce n'est pas aimer les grandes idées qui importe, c'est les vivre et votre vie devient grande, elle devient belle. Sinon, si vous n'appliquez pas les belles et grandes idées, votre vie reste ce qu'elle est, c'est-à-dire pas grand-chose. Arrivez-vous à saisir la différence ? Pour vous qui êtes déjà dans cet état que je décris là, ne vous contentez pas d'aimer les sages, devenez des sages !

En chantant les stances, pouvoir faire des expériences spirituelles

Le fait de chanter ainsi provoque intérieurement et naturellement un état d'apaisement pour ceux qui participent réellement aux chants et aussi pour ceux qui écoutent et chantent intérieurement. Mais en même temps, à cause de la nature même des chants et des stances, il est possible de faire passer les personnes qui participent à cet exercice dans divers états de conscience. Il est possible de leur faire faire des expériences spirituelles particulières.

Autrefois, cela conduisait à des états de transe dans lesquels on perdait conscience. Aujourd'hui, c'est ce qu'il faut éviter : personne ne doit perdre conscience. Cela est possible parce que ceux qui participent ici à ce type d'exercice ont une connaissance suffisante de l'*Enseignement*, une connaissance intellectuelle et pratique. C'est pour cette raison qu'ici même tous ceux qui n'entrent pas dans un état de transe, beaucoup si ce n'est tous, peuvent faire des expériences spirituelles ou suprasensibles particulières.

Sans la connaissance du fonctionnement de l'être humain, on induit des états de transe. Avec la connaissance des mécanismes, on induit des états de conscience supérieurs dans lesquels on entre consciemment et desquels on peut sortir à l'instant même puis entrer à nouveau. Cela signifie que l'on commence à maîtriser quelque chose : on participe consciemment. Ces techniques sont utilisées dans les Ecole*s de Sagesse*, dans les "tarîqa" soufies ainsi que dans toutes les autres formes d'Ecole*s* liées à la *4eVoie*. Il n'y a jamais de perte de conscience mais toujours une conscience de plus en plus claire, malgré les états spirituels que l'on traverse.

Les chants : des techniques
pour atteindre le calme intérieur

Et voici une image qui va illustrer ce que je viens d'expliquer : on peut s'élever, mais on reste aux commandes de l'avion. On peut se laisser emporter par un sentiment - et nous allons prendre un niveau relativement compréhensible par tout le monde - on peut se laisser aller à la joie intérieure, tout en restant parfaitement conscient de ce qui se passe autour de soi, de ce qu'on est en train de faire. Et de la joie on peut passer à d'autres états intérieurs qui aboutissent à des états de conscience supérieurs, tout en restant conscient. Malgré leur agitation extérieure, les derviches tourneurs sont parfaitement calmes à l'intérieur. Et malgré les chants, à l'intérieur c'est le silence. Les chants comme les mouvements sont des techniques, des moyens d'atteindre le calme et le silence. Un mantra ou une pratique spirituelle de cette qualité-là transforme tout : votre intellect, votre cœur, et jusqu'à la moindre de vos cellules. C'est là la véritable alchimie, la véritable métamorphose de l'être humain.

Si vous voulez absolument faire un parallèle entre le dikhr des soufis et leur sama'a et les stances comme certains le font, il faut connaître les stances, leur musique, le sens de beaucoup d'entre elles et il faut acquérir petit à petit le respect des choses. Le respect des choses, c'est essayer d'être présent à ce que l'on fait et ne plus se laisser disperser par autre chose.

Penser ce que l'on chante : on finit par l'intégrer

Quand vous chantez, quand vous récitez les stances, il est bon d'avoir présent à l'esprit leur signification. Mais de toutes façons il est certain qu'elles entrent profondément dans votre inconscient, elles y travaillent, elles transforment votre mental, vos émotions et on peut l'espérer avec le temps, votre pratique physique. En tout cas, il est certain déjà que la répétition de ce type de pensée supérieure remplace les vieilles façons de penser. La vieille programmation ordinaire liée à toutes les formes de conditionnements est remplacée par un programme plus spirituel. Un proverbe dit : "On devient ce qu'on pense".

Ceux du passé qui ont pratiqué ce *Chemin* savaient qu'on devient ce qu'on pense. Le fait de penser un mantra, un dikhr, une stance, qui tous parlent soit d'une activité divine, soit d'une qualité supérieure, le fait de le répéter sans cesse, de le porter sans cesse dans sa pensée, permet d'intégrer cette qualité, de la faire entrer en soi et de la vivre.

Une stance dit :

> *Que sans cesse ta pensée invoque*
> *Le nom de l'Eternité*
> *Que sans cesse tes lèvres*
> *Murmurent sa Parole*

Et une autre :

> *"C'est l'Amour qu'on voit*
> *Dans les yeux de l'amoureux*
> *Que ce soit l'Eternité*
> *Qu'on trouve dans votre cœur"*

Vous pouvez commencer à décider ce que vous pensez, parce que vous savez que ce que vous allez penser, c'est ce que vous allez devenir. La stance dit cela déjà à propos du centre émotionnel : "On finit par ressembler à ce qu'on aime...", à l'Eternité.

"Le nom de l'Eternité" : celui qui veut aller vers le Réel, vers la Réalisation, vers Dieu, doit l'avoir de plus en plus présent en lui, sans cesse, que ce soit sous forme d'une répétition intérieure silencieuse ou d'une répétition vocale à travers la récitation ou le chant.

Ces stances et même ces musiques sont réellement inspirées. Si l'une d'elles s'impose à vous pendant la méditation, décidez alors de la chanter pendant toute votre méditation. Le mieux est de chanter les stances le soir en allant au lit et ainsi on a de fortes chances de se réveiller le lendemain avec les stances qui chantent dans la tête.

Pour tous ceux qui ont été "musicalement inspirés", il est sûr que les musiques correspondent à des états d'être ou à des moments de vie pendant lesquels ils étaient dans une situation psychologique particulière. Et cette réceptivité a permis à cette musique d'entrer dans leur tête et de se lier à l'une des stances. "J'ai vécu quelque chose de particulier par rapport à la stance – *"La Négation et l'Affirmation"* - que je vous ai remise, me disait la personne inspirée par cette stance, j'étais dans un état particulier et j'ai décidé de trouver une musique qui n'était pas encore au point. La musique définitive s'est imposée à moi lorsque j'étais dans une difficulté particulière et cela m'a étonné..."

Il est bon de chanter intérieurement toute la journée. Le chant vous porte, vous donne continuellement de la force, sinon il faut au moins écouter les chants. La plupart des gens qui chantent mécaniquement pensent à autre chose en même temps. Si vous chantez ou sifflez toute la journée et si vous ne faites que ça, c'est bien. Cela remplace une grande partie du bavardage qui lui, contrairement au chant ou au sifflement, est continuellement occupé par soi-même, par son propre ego.

On peut encore faire beaucoup mieux : C'est être capable d'entendre le chant du monde, le chant des choses, le chant des êtres, et là il faut quand même avoir développé un peu son oreille. Moi, j'ai bien l'impression qu'il faudra avoir chanté beaucoup soi-même pour entendre le chant du monde. En tout cas pour moi, le plus beau chant, c'est le chant intérieur.

Résonance du chant des stances

Beaucoup de stances parlent des attitudes extérieures que *l'élève* peut commencer à pratiquer parce qu'il comprend que ces attitudes sont indispensables. Elles deviennent ensuite des attitudes intérieures et extérieures des hommes et des femmes vraiment évolués. Elles sont certainement aussi celles que vous avez apprises au cours de votre éducation. Elles sont tout ce qu'on vous a dit de beau, de bon et de juste. Tout le problème est qu'il va falloir que vous compreniez que ce n'est pas à cause de cela qu'on peut les appliquer.

L'effet des stances permet de cultiver pratiquement toutes les qualités morales particulières, qui sont des qualités vraiment spécifiques. La théosophie nous enseigne que chaque qualité morale a un représentant dans le monde spirituel - on peut aussi dire une entité spirituelle, un ange, un archange - qui est l'Esprit de cette qualité morale. Du fait que des hommes et des femmes essayent de se lier à cette qualité morale, qu'ils essayent de la faire vivre ensuite - la faire vivre cela commence dans son esprit, dans sa voix - lorsqu'ils s'y relient, cet être spirituel est comme fortifié, comme attiré vers les lieux où ces qualités morales sont pratiquées. Ces lieux sont évidemment là où quelqu'un, dans son âme ou dans son esprit, cultive cette qualité par ses actes. Ce peut être une Ecole où les choses se produisent, ou la Terre tout entière. Cette entité spirituelle est attirée, elle se tourne vers ces hommes ou ces femmes et leur donne une partie de ce qu'elle est.

Le regard d'une entité spirituelle, le regard d'un ange est créateur. Quand il vous regarde, il vous transmet quelque chose, il vous donne une énergie. Un appel humain vers ces entités spirituelles fait qu'elles se tournent et regardent vers l'humain ou l'humanité et qu'elles lui donnent quelque chose. Ceci est l'explication théosophique et anthroposophique. Souvenons-nous des paroles de Jésus-Christ : "Là où deux ou trois sont réunis en mon nom, je suis au milieu d'eux". Là où plusieurs travaillent ensemble, essayent d'être ensemble dans un état d'esprit qui va dans la même direction, les forces supérieures sont présentes.

Une énergie supplémentaire vous est donnée, à condition d'être un peu réceptif. En P.A., nous disons que dès qu'un être humain, en particulier un homme sur le *Chemin*, fait quelque chose, il investit une certaine énergie dans cette chose.

De plus, quand vous chantez, tous ceux que vous avez connus et qui sont morts, vous les voyez qui écoutent. Tous les initiés du passé et qui sont liés à cette *Voie*, vous les voyez qui écoutent. Les anges, vous les voyez qui écoutent et qui répondent comme en écho. Chantez pour les défunts que vous avez connus - même ceux qui ne chantent pas bien - et si en plus vous pensez à ce que vous chantez, avec le temps, la musique et les paroles trouveront naturellement le chemin de votre cœur. Mais déjà ces paroles et cette musique réchauffent le cœur de ceux qui en ont besoin, ceux que vous avez connus.

Les stances, une aide à la transformation de l'humanité

Si vous pensez à une qualité morale ou si vous récitez une stance, une partie de l'énergie va au travail de récitation ou de chant, une autre partie de l'énergie vous transforme vous-même. Cette énergie permet de purifier le centre émotionnel inférieur et donc d'agir très fortement sur le trait principal négatif de la personnalité. Et en résonance avec cette partie de l'énergie qui vous transforme, il y a le regard de l'entité spirituelle. Une force supérieure est donc appelée par vous et vous entrez en résonance avec cette force spirituelle.

Si vous chantez "*La force des Maîtres*", vous vous mettez en résonance avec la *force des Maîtres*, tous les *Maîtres* qui ont existé et tous ceux à qui vous pouvez être liés par un *Maître*. C'est cela la "Silsilah", la chaîne de la transmission. Ils se tournent tous vers vous et à cause de cette résonance, vous recevez une force. Dans le cas des stances, il y a une force qui sert à chanter, une deuxième force qui vous transforme, vous améliore avec la résonance de la force de la transmission, la force supérieure qui se tourne vers vous et qui entre en vous.

Enfin, il y a une troisième partie de l'énergie dégagée par l'action que vous faites, qui va vers le reste de l'humanité et qui aide donc quelqu'un ou quelques-uns, en particulier tous ceux qui cultivent déjà naturellement cette qualité. En chantant la stance de *La Charité,* il est évident que tous ceux qui sur Terre travaillent dans le sens de la charité reçoivent un peu de cette force par vous, mais également par le phénomène de résonance spirituelle : vous vous adressez à l'Esprit de la Charité qui, lui, regarde la Terre, et les forces vont vers ceux qui pratiquent cette qualité. C'est ainsi pour toutes les qualités morales, en les chantant vous fortifiez tous les hommes et toutes les femmes charitables. Et c'est ainsi aussi pour tout ce qui est négatif.

La prière, comme l'utilisation des mantras, est l'une des branches essentielles de cet *Art de la Transformation des Energies.* Donc toutes les prières peuvent être des mantras mais tous les mantras ne peuvent pas être des prières. Les prières peuvent devenir des mantras si on les utilise comme des mantras.

Guérison de l'âme

Les Soufis sont liés à l'Islam et ils utilisent les 99 noms de Dieu comme 99 remèdes à toutes sortes de maux intérieurs. Il y a 99 maux du cœur, de l'âme ou de l'esprit. Il y a 99 étapes sur le *Chemin spirituel*, 99 qualités de l'Absolu et on peut continuer ainsi...

Il s'agit de toutes sortes d'étapes psychologiques qui font partie de l'équilibre psychologique intérieur. A chaque état de déséquilibre intérieur, de la nervosité à la colère, en passant par la jalousie, et toute la suite des émotions négatives, à chacun de ces maux correspond un nom de Dieu qui est la guérison de ce mal, à condition que ce nom soit utilisé selon une technique particulière. Tous les maux intérieurs, tous les troubles psychologiques, des plus superficiels comme l'agacement et l'énervement, jusqu'aux plus graves, peuvent être soignés avec cette technique. On peut dire la même chose des stances : à chaque stance correspond un état intérieur, soit un défaut intérieur, soit un état d'être, soit un niveau d'être auquel on est arrivé. Et chacune de ces stances agit dans la direction de l'équilibre par rapport à ces défauts ou ce trouble psychologique. Chaque stance est l'étape vers la guérison, puis vers la naissance de l'âme.

Un aspect essentiel de notre Travail : créer le lien avec les représentants sincères des différents courants spirituels

Par l'édition de nos livres, de nos cours, par nos conférences et toutes les formes de contact que nous avons pu prendre, par tout le travail que nous faisons et que nous avons déjà fait, nous essayons de toucher des hommes et des femmes qui essaient de vivre leur *chemin* au quotidien, à la recherche de la *Vérité*, de *Dieu* ou de l'*Absolu*. C'est un aspect de notre travail.

Un autre but est d'entrer en contact avec des hommes et des femmes, un peu partout de par le monde, qui sont les représentants sincères des différents courants spirituels, parfois à l'intérieur d'une religion, souvent en marge de leur propre religion, parce que justement ils sont sincères au-delà des dogmes de leur religion. Lorsque nous avons édité *Le Chant de l'Eternité,* j'ai fait parvenir un certain nombre d'exemplaires à des hommes et des femmes représentatifs des grands courants spirituels actuels, du moins parmi ceux qui sont représentés dans notre environnement proche, en France, en Europe. Avec eux aussi nous essayons de créer ce lien, si important, non pas pour nous, pour notre *Enseignement,* mais pour l'ensemble de l'humanité. Ces liens que nous essayons de créer à travers notre travail - pas seulement le travail individuel sur nous-mêmes - ne sont pas des liens ordinaires, mais des liens réellement spirituels.

Chaque pensée, chaque émotion,
chaque acte d'un être humain sur Terre :
chaque fois l'humanité tout entière touchée

Ces liens de nature supérieure forment, avec les forces spirituelles, ce qu'on peut appeler l'atmosphère spirituelle de la Terre, celle dans laquelle baignent les êtres humains.

L'humanité n'est pas une abstraction, elle est une globalité formée de tous les êtres humains. Dès qu'il arrive quelque chose à un être humain en un point quelconque du globe, une partie de l'humanité est touchée par le phénomène. Chaque fois qu'un être humain est touché dans son corps physique, dans ses émotions ou dans son esprit, c'est chaque fois une partie de l'humanité qui est touchée. Si quelque part sur Terre un être humain souffre, l'humanité souffre elle aussi avec lui. Et si, ailleurs, un être humain devient plus intelligent ou plus spirituel, c'est l'humanité entière qui devient un peu plus intelligente. Chaque être humain est une partie de l'humanité, et quand il se passe quelque chose pour vous, cela se passe pour une partie de l'humanité, c'est-à-dire que cela change quelque chose à l'humanité tout entière. Quand un grand malheur frappe les individus, cela signifie que toute une partie de l'humanité est malheureuse. Représentez-vous toutes les pensées négatives, toutes les pensées de conflit qui vivent dans l'âme et l'esprit de tant d'êtres humains, c'est alors l'humanité tout entière qui est touchée par l'esprit de conflit. Et si ce sont des pensées, des principes spirituels élevés qu'un être humain ou un groupe d'êtres humains cultive, c'est aussi ce qui est introduit dans l'humanité tout entière, en tout cas dans l'atmosphère spirituelle de la Terre. Et avec un peu de chance, cela pourra être capté par d'autres, quelque part ailleurs sur Terre.

L'atmosphère spirituelle de la Terre.
Un réseau tout autour du globe...

C'est là le travail de tous les initiés, de tous les *Maîtres* : introduire les impulsions du Supérieur, du Spirituel, dans l'atmosphère spirituelle de la Terre, afin que des êtres humains de plus en plus nombreux puissent se relier à ces *Enseignement*s et recevoir ces principes élevés, soit de façon directe, soit tout simplement parce qu'ils sont ouverts, et que, parce que l'atmosphère spirituelle de la Terre est baignée de ces pensées, ils ont pu les capter. Soudain, sans savoir pourquoi, ils deviennent un peu meilleurs, ils pensent un peu plus juste, un peu plus aux autres, ou à des causes justes, bonnes, humanitaires, religieuses, spirituelles ou culturelles. Ils ne sauront peut-être jamais pourquoi, mais c'est parce que nous avons tissé une toile, un réseau, tout autour de la Terre, qui relie les uns aux autres tous ceux qui cheminent sur une voie spirituelle, les Instructeurs, les *Maîtres*, les Sages, et les autres. Tant de choses aujourd'hui prennent le pas sur ce qui est élevé : pensée matérialiste, intérêt exclusif pour les choses matérielles... Si un jour il n'existe plus suffisamment d'hommes et de femmes à penser au Spirituel, cette toile qui vit dans l'atmosphère spirituelle de la Terre disparaîtra, et il ne restera plus pour l'humanité qu'une seule possibilité : vivre par le bas, uniquement par ce qui est matériel.

La répétition des stances :
transformer l'atmosphère environnante

Un élément qui semble tout à fait extérieur mais qui ne l'est pas du tout, est aussi important : la répétition d'une stance. Au début c'est très difficile, les forces d'opposition se présentent : le bavardage intérieur, la considération intérieure. Mais à la longue la répétition d'une stance permet de gagner beaucoup d'énergie et une plus grande maîtrise de certaines choses.

Avec la répétition d'une stance on contribue d'une façon très directe, et invisible pour tous ceux qui ne perçoivent pas cela et qui n'en comprennent pas le raisonnement, à transformer l'atmosphère environnante. Le fait de répéter une stance dans laquelle on parle de vertus de qualité supérieure, crée en vous et dans votre atmosphère spirituelle et même parfois dans votre ambiance physique, une qualité spirituelle qui, petit à petit, apporte quelque chose à l'atmosphère spirituelle de la Terre et de l'humanité et la transforme.

Si intérieurement vous répétez une stance, si vous essayez de la comprendre, ou si vous essayez de comprendre une des idées de l'*Enseignement*, vous la faites entrer dans votre atmosphère intérieure, dans votre atmosphère extérieure et dans l'atmosphère spirituelle de la Terre. Et si d'autres pensent comme vous, c'est comme si on tissait une grande toile tout autour de la Terre où, du point de vue spirituel, des individus sont reliés les uns aux autres parce qu'ils portent les mêmes idées. Il est possible qu'un jour cette toile devienne très forte tout simplement parce que des individus pensent et répètent souvent ces idées. On peut alors considérer que ces idées élevées imprègnent toute l'atmosphère spirituelle de la Terre et, avec un peu de chance et à partir de cette imprégnation, certains individus qui ne les ont jamais pensées peuvent être touchés par elles, soit parce qu'ils les lisent ou les entendent quelque part, soit tout simplement parce qu'il y a en eux un moment de réceptivité intérieure et soudain ils pensent quelque chose de beau ou d'élevé. Cela fait partie d'un travail très important et c'est parce que nous faisons en sorte que ces idées circulent tout autour de la Terre et entrent dans son atmosphère spirituelle que cela est possible.

Le travail de répétition, d'édition, de diffusion des Stances et des autres idées de l'*Enseignement* - des musiques également - contribue à ce grand principe : faire entrer dans l'atmosphère spirituelle ou dans l'âme de la Terre des choses belles et grandes, dans l'espoir qu'elles envahissent petit à petit toute la Terre et imprègnent les êtres humains d'idées de ce type plutôt que d'idées, d'émotions négatives et de pensées destructrices. Il s'agit de faire en sorte, et c'est là une grande partie de notre travail, qu'au moins elles contrebalancent du mieux possible toutes les idées et pensées négatives liées à l'avidité, à toutes les formes d'égoïsme, à tous les conflits, à toutes les oppositions.

Nous participons à cela chaque fois que nous faisons quelque chose de positif. Une pensée positive, même si ce n'est qu'une seule pensée par jour, y contribue un peu. C'est la raison pour laquelle, même lorsque nous sommes fatigués, déprimés, si nous pensons quelques idées positives nous continuons quand même à contribuer à l'évolution positive de la Terre et de l'humanité. Cela nous reviendra car on n'est jamais perdant dans ce processus. Avec une idée positive nous restons reliés à cette atmosphère spirituelle de la Terre à laquelle sont liés tous les grands initiés et sages du passé. Ils y sont liés d'une autre façon encore : eux donnent les influx d'en haut et nous, par notre travail ici et maintenant sur Terre, nous faisons monter les influx vers le haut. Tout cela crée l'atmosphère spirituelle de la Terre. C'est pour cette raison qu'une fois engagé sur un *chemin spirituel,* même un peu, on ne peut plus jamais être seul en réalité parce qu'on est relié à cela. Si dans les moments difficiles on y pensait de temps en temps, rapidement cela irait un peu mieux. Quand vous êtes un peu triste et que vous vous sentez un peu solitaire, peut-être cette pensée vous permettra-t-elle à vous aussi de vous relier à tous ces autres qui cheminent sur un *chemin spirituel,* et à tous ces *maîtres*, représentants non seulement de leurs frères les hommes, mais de tous nos aînés en sagesse, tous les sages qui nous ont précédés et qui aujourd'hui ne sont peut-être pas incarnés sur Terre, mais, de là où ils sont, envoient leurs propres forces vers l'atmosphère spirituelle de la Terre. Nous pouvons, en nous reliant à cette atmosphère spirituelle de la Terre, à la fois en recevoir des forces, et en même temps, à travers notre travail, y faire entrer nous-mêmes des forces. Mais dans ces moments-là, en général nous sommes tellement intéressés uniquement par notre petit ego, par notre égoïsme, que nous oublions ces choses qui sont tellement plus grandes, tellement plus belles.

Il est important pour nous que nos idées soient connues, pensées et repensées par des hommes et des femmes sur Terre dont le travail est de penser les choses, que ce soient les philosophes, les autres sages, les initiés d'autres courants spirituels que les nôtres car tous ces hommes et toutes ces femmes sont comme des croisements dans la toile spirituelle de la Terre. Ils représentent des points ou des courants spirituels. Dans cette toile, des courants d'idées se croisent, ils sont des points forts. Nous ne pouvons que nous réjouir quand des hommes comme Arnaud Desjardins, André Chouraki et d'autres encore, lisent l'un ou l'autre de nos livres et nous écrivent qu'ils les trouvent beaux. Voilà le lien entre les maîtres, entre les sages, les écoles, les élèves et tous les *Enseignement*s. Ces attitudes sont bien plus intéressantes que celles qui opposent les courants spirituels ou religieux entre eux.

L'ouverture du chakra du cœur

Dans le yoga, on dit que la pratique de la répétition ouvre le chakra du cœur. Elle finit par entrer dans le cœur, par l'ouvrir, et de plus, elle a en nous un effet d'unification. Ce qui caractérise notre ego, c'est qu'il nous éparpille continuellement dans les pensées, celles de la personnalité et de la fausse personnalité, tous les petits *moi* qui nous habitent. La répétition du mantra, ou d'une stance, axe notre pensée vers le Spirituel, le Divin, vers la *Vérité*, la Réalisation, les soufis diraient : vers *"l'Unique"* ; elle a donc tendance à nous unifier. C'est pourquoi elle a pour effet d'installer le calme ou parfois le vide intérieur sans lequel la Réalisation, Dieu ou la Force ne peuvent s'installer. Sans pratique de la méditation silencieuse, de la répétition d'un mantra ou de la concentration sur la respiration, on ne peut ouvrir le chakra du cœur, et si le cœur n'est pas ouvert, rien de supérieur ne peut s'installer. Ceux qui ne pratiquent pas ne doivent donc pas s'étonner que rien de supérieur ne s'installe en eux. Seul celui qui pratique la répétition mantrique, la méditation silencieuse, ou la concentration sur la respiration, peut espérer voir cette partie médiane de l'être humain s'ouvrir à des sentiments de nature supérieure. Vous êtes tous capables de ces sentiments que vous appelez habituellement l'amitié ou l'amour, mais vous savez parfaitement que ce sont des choses qui viennent et qui passent, sujettes à toutes sortes de variations et qui n'ont rien de profond. La profondeur ne peut s'installer en vous que si vous pratiquez.

L'illusion du lien : les réseaux du genre Internet. Les forces du bien singées...

Il est une idée essentielle au-delà de tous les problèmes de clocher, au-delà de tous les fanatismes, de tous les sectarismes : *le Travail est une œuvre de réconciliation globale de tous les courants.* Surtout à notre époque où cela devient une nécessité parce que les forces d'opposition, les forces du matérialisme athée sont tellement grandes que cette toile de l'atmosphère spirituelle de la Terre se déchire de toute part. Malheureusement, ces autres forces s'opposent à l'évolution des êtres humains, et une de leurs techniques essentielles est d'imiter les forces spirituelles qui, elles, essaient de tisser des liens entre les individus dans l'atmosphère spirituelle de la Terre. Le matérialisme, lui, tisse une autre toile. Les anthroposophes diraient : la toile des ordinateurs, la toile électrique, la toile des satellites, la toile d'Internet, etc. Ces forces opposées essaient d'imiter les forces spirituelles, mais de façon matérielle, à travers ces réseaux dits "de lien". Ces réseaux, en réalité, ne relient rien à rien et surtout pas un homme à un autre. Leur but n'est pas de rapprocher les êtres humains entre eux, mais de leur donner l'illusion du rapprochement. Puisqu'il est possible de communiquer à travers un ordinateur, on pourrait penser qu'il n'est plus besoin de se rencontrer physiquement. Or dans le domaine spirituel, il faut tendre au contraire à entrer en relation avec les individus pour pouvoir un jour les rencontrer spirituellement. Et la crainte qu'on peut avoir, c'est que les réseaux de ce genre ne soient un jour les seuls à exister sur Terre.

La toile spirituelle, c'est la toile des grandes et belles idées qui n'ont pas besoin d'ordinateurs pour se propager continuellement. Il suffit qu'il y ait suffisamment d'hommes et de femmes qui pensent ces idées et qui les transmettent d'une manière simple à d'autres pour que cela existe. Mais il est vrai aussi que devant l'influence croissante des idées matérialistes, même ceux qui ont des pensées spirituelles sont obligés d'avoir recours aux armes matérialistes que sont les écrits, les ordinateurs et peut-être même les satellites...

✦

COMMENTAIRES

INITIATIQUES

DU CHANT DE L'ETERNITE

Je veux t'enseigner à
"Comprendre mon Enseignement"

O Fils de la Terre
Je veux t'enseigner
A Comprendre mon Enseignement
Il est l'œil
Que l'Eternité t'a donné
Pour voir ce qui est juste
Et ce qui ne l'est pas
Pour voir ce qui est caché
Et lire ce que murmurent
Les lèvres du silence

Notre *Enseignement* n'est pas une religion, c'est pourquoi il ne demande aucune forme de foi. Mais il possède autre chose qu'on pourrait appeler la foi d'aujourd'hui et qui, en cela, est comparable à la foi de jadis. A partir du moment où on a cette foi en soi, toutes les difficultés se trouvent résolues, plus rien dans la vie ne peut être un empêchement ou une source d'échec. Mais il faut l'avoir en soi : avoir un *ancrage* dans *l'Enseignement*. J'appelle cela *le rappel du Chemin*. Il faut arriver à acquérir cette forme particulière de mémoire du Chemin, différente des autres formes de mémoire que nous avons pu évoquer jusqu'à présent. Celui qui a cela en lui - et seulement celui-là - peut recevoir toute la force de cet *Enseignement*.

Pour y arriver, il faut franchir plusieurs étapes. J'en ai répertorié quatre, avec comme principe de départ que lorsque le travail est insuffisant, il n'est pas possible de recevoir la force du Chemin.

La première étape :
comprendre intellectuellement les principes

Vous ne pouvez pas comprendre le Chemin si vous n'en avez pas correctement appris les principes. La raison en est simple : le Chemin, l'*Enseignement*, entre en vous d'abord sous forme d'impressions et d'informations, et il commence à tomber dans la partie la plus associative, la plus formatrice du centre intellectuel, la mémoire de ce centre. Il faut donc au moins qu'il y tombe pour que vous puissiez apprendre et comprendre intellectuellement les principes. Tout commence par cette *compréhension*.

C'est la première étape nécessaire, la deuxième étant celle de la *réflexion* à partir de l'étude et celle issue de l'application.

Grâce à l'intégration des principes,
un appel de force au moment nécessaire

Avoir compris intellectuellement un principe, et ensuite y avoir réfléchi et l'avoir appliqué - ce qui apporte une véritable compréhension - permet d'arriver à la troisième étape : on constate la vérité du principe. Parce qu'on l'a compris, qu'on y a réfléchi et qu'on l'a appliqué, on est devenu capable d'en percevoir la vérité. A ce moment-là on commence réellement à se lier émotionnellement au Chemin, on commence à l'aimer, non plus comme les émotionnels le font le plus souvent, mais cette fois c'est le *centre émotionnel supérieur*, le centre de la véritable conscience, qui se relie. Et c'est totalement différent.

Ce qui nous conduit à la quatrième étape : la connaissance du Chemin vous a donné *l'énergie* pour agir. Grâce à l'intégration des principes, une force s'installe qui agit de façon naturelle. Cette aide ne peut venir que si on est dans cet état ou à ce niveau que j'appelle *l'ancrage* ou *le rappel du Chemin*, et qui est une forme du rappel de soi.

" Lire ce que murmurent les lèvres du silence"

C'est l'indicible que personne ne peut exprimer par des mots, parce qu'il faut non seulement le vivre, mais en même temps il faut être dans un état particulier. Pour entendre un murmure il faut être attentif, il faut mobiliser cette énergie de l'attention pour écouter quelque chose de très subtil. C'est cela le murmure.

Avant de poser une question, le questionneur doit d'abord expérimenter. Ensuite dès qu'il aura plus d'expérience dans le domaine qui l'intéresse, il pourra reposer la question. Alors il aura déjà fait un certain travail, un travail suffisant à mon sens, pour qu'on puisse peut-être parler de la chose et ce n'est pas sûr encore, parce que cela appartient à quelque chose qu'on ne peut pas dire.

Les réponses les plus justes que je donne sont certainement celles que je ne donne pas. Cela permet à celui qui pose la question de continuer à chercher et il finira par entendre *"ce que murmurent les lèvres du silence"*, ce qui est beaucoup plus vrai que ce que je peux dire moi-même.

Le silence plus important que les paroles

La première stance se termine par *"ce que murmurent les lèvres du silence"* et la deuxième commence par *"aimer le silence"*. On voit là toute l'importance du silence dans *l'Enseignement* des stances. Dès le début, *Le Chant de l'Eternité* met l'accent sur la chose la plus essentielle, qui est la pratique personnelle. C'est un livre de pratique de hautes qualités morales, de haute compréhension aussi. En mettant l'accent sur le silence, il veut nous montrer qu'on ne peut réellement découvrir une vérité de ce qui est élevé qu'à travers soi-même, à travers sa pratique et à travers cette écoute de ce qui vient des lèvres du silence, c'est-à-dire de ce qu'on ne peut entendre qu'au fond de soi.

Les lèvres du silence, c'est aussi le cœur qui parle, d'où cet accent mis dès le départ sur le silence qui est même plus important que toutes les stances. Les stances sont un moyen de comprendre et d'y arriver. Et nous sommes tout à fait d'accord avec le proverbe qui dit : *"La parole est d'argent et le silence est d'or",* c'est-à-dire que le *silence* est encore plus précieux que toutes les paroles.

Je veux t'enseigner à
"Aimer le Silence"

> O Fille de la Terre
> Je veux t'enseigner
> A aimer le Silence
> Il est le temple sacré
> Dans lequel
> Seules s'expriment
> Les paroles des Immortels
> Apprends à te taire
> Écoute
> Entends-tu le chant
> De l'Eternité

"Aime le silence", parce que c'est seulement lorsque tu as appris à te taire, à faire taire tout ce qui parle intérieurement, que tu peux entendre autre chose en toi : les paroles des Immortels, le Verbe, le Chant de l'Eternel, la musique des Sphères, peu importe le nom qu'on lui donnera, mais tu peux entendre des pensées de conscience supérieure, tu peux percevoir l'autre monde. Sans aimer le silence, rien n'est possible.

"Je veux t'enseigner à aimer le silence..."
"Apprends à te taire, écoute..."

En vous, il y a une telle multitude de *moi* qui n'aiment pas du tout le silence parce que le silence les réduit à néant. Ces petits *moi* multiples n'existent pas dans le silence, ils ne sont que choses superficielles balayées par le silence. Tant que vous n'êtes que des *moi* superficiels, tant que vous n'êtes que fausse personnalité et personnalité, tant que l'*essence* ne vit pas assez fortement en vous, vous n'aimez pas le silence. Il va falloir apprendre à aimer le silence.

Mais avant de pouvoir aimer le silence, on est obligé d'aimer les choses qui s'en rapprochent, comme de belles paroles, de grandes paroles qui sont le pont entre ce bavardage intérieur incessant de l'homme ordinaire et le silence du Sage. C'est en écoutant de grandes paroles, en ayant de belles pensées que peut naître petit à petit le silence intérieur.

Pour que ce soit possible, il faut devenir conscient, un peu plus calme, moins agité, plus détendu. On ralentit un peu les choses, on est un peu moins centré sur ses propres pensées, on devient un peu plus silencieux, moins bavard extérieurement et intérieurement. Alors, on perçoit mieux le monde, les autres et soi-même. Un jour, vous serez capable d'écouter dans le silence intérieur, toujours plus longtemps. Il faut réduire un *moi* après l'autre au silence. C'est un long travail... Quand l'espace vide grandit parce qu'on répète souvent l'exercice, il peut se produire autre chose. Et dans *l'espace silence,* une autre énergie peut s'introduire : *l'Eveil.*

Je veux t'enseigner
"Le Silence intérieur"

O Fille de la Terre
Je veux t'enseigner
Le Silence intérieur
Il est ce manteau dans lequel
S'enveloppent les Sages
Chacune de leurs paroles est une étoile
Qui éclaire la nuit des hommes
Et leurs discours sont des soleils
Qui font se lever
Des jours nouveaux

Il est ce manteau dans lequel s'enveloppent les sages

Le silence intérieur des Sages est l'état de contact avec l'Eternité, avec la conscience supérieure. Ce contact avec l'Eternité est la vie du Sage, il est sa protection. Il se manifeste extérieurement, il est le manteau dont il se protège. Mais en même temps, ce manteau est fait de paroles. Les paroles du Sage naissent du silence intérieur, ce silence de l'Eternité ; elles en ont les caractéristiques. Ce silence est créateur, il est porteur du Verbe. C'est la raison pour laquelle les paroles des Sages font se lever des jours nouveaux. Ces paroles sont créatrices, elles éclairent la nuit des hommes, elles éclairent les ténèbres matérielles dans lesquelles sont les êtres humains. Et la conscience humaine est la seule conscience qui puisse être éclairée. Un jour - c'était il y a 2000 ans en Palestine -, le Logos, le Verbe s'est incarné dans un être humain et a essayé d'entrer dans les ténèbres de la matière qu'on appelle l'enfer, les enfers. Et cette lumière n'a pas pu entrer réellement dans les ténèbres. Les ténèbres, l'obscurité des autres formes de conscience, ont rejeté cette lumière créatrice, parce qu'en fait cette lumière créatrice issue du Verbe créateur, ne peut éclairer que l'esprit humain.

Une manière de faire silence : la récitation des stances

La force des paroles des Sages est liée au fait qu'ils ne perdent aucune énergie dans le bavardage intérieur, dans la considération intérieure, dans la rêverie intérieure, ce qui fait que la parole peut être habitée.

Apprendre à se taire et à regarder ! C'est très difficile de faire taire cette multitude de *moi* en soi, cette foule, ce peuple qui grouille sans cesse et qui crie. Mais on peut commencer comme un exercice de temps en temps, une seconde par-ci, une minute par-là, c'est une manière de faire silence et de commencer à être attentif à quelque chose.

L'autre manière de faire silence, c'est se fondre dans le bavardage et le vrai silence que représente par exemple la récitation des stances ou le chant des stances ou tout simplement l'étude de grandes pensées, même quand vous lisez un livre d'étude, quand vous travaillez sur un texte, quand vous écoutez une conférence ou quand vous écoutez un autre parler de l'*Enseignement*, intelligemment évidemment. A ce moment-là, vous êtes en train de créer cette possibilité du silence intérieur. Donc, il ne s'agit pas seulement de techniques qui rendent silencieux, mais également de cette façon de mettre en soi de belles paroles ou de grandes pensées. L'étude est un des grands moyens également, surtout le partage de pensées que nous avons comprises, que nous disons ou que nous expliquons à d'autres. Un autre moyen en est le chant.

✦

Je veux t'enseigner à "Etre proche de l'Eternité"

> *O Fils de la Terre*
> *Je veux t'enseigner*
> *A être proche de l'Eternité*
> *Que chaque instant*
> *Soit pour toi le plus précieux*
> *Qu'il soit dans ta main*
> *Comme l'eau de la fontaine*
> *Bois-la vite*
> *De peur qu'elle ne s'écoule*

Faire de chaque instant le moment "*le plus précieux...*" Celui qui décide d'être *ici et maintenant*, celui-là est dans l'instant. Il n'y a rien de plus proche de l'Eternité que d'être à l'endroit et à l'instant où on est, et non ailleurs. L'Eternité est un état intérieur, elle est un lieu en soi. Il n'y a qu'une seule porte par laquelle on puisse entrer dans l'Eternité, c'est la présence à soi. La porte de la conscience est celle qui donne sur l'Eternité. Etre conscient, c'est être totalement là, arriver à cette intensité de la présence.

Lorsqu'on chante, la présence est d'être conscient des paroles, d'avoir la compréhension intellectuelle, si possible la compréhension avec le cœur qui est, en fait, une présence à sa respiration. Et le fait de pouvoir chanter, de pouvoir écouter, le tout de façon intensive, en y étant, permet à certains d'ouvrir la porte.

Pour toute chose, être présent, c'est arriver à être présent physiquement, émotionnellement - être présent émotionnellement cela veut dire aimer, et de façon un peu moindre, mais pas moins efficace, être présent à sa respiration pendant qu'on est présent physiquement à une chose - et être présent intellectuellement, dans la concentration sur la chose, dans la compréhension de la chose. Voilà ce qui permet de provoquer l'ouverture de cette porte et d'entrer dans cet état en soi qui est l'état d'Eternité, cet état de grâce qu'on peut connaître parfois. Lorsqu'on connaît cet état de grâce, on sait qu'il n'y a rien de plus grand.

Apprenez à être totalement présent à ce que vous faites physiquement, émotionnellement - ou par la respiration - et par ce que vous comprenez. On appelle cela la conscience de soi, la conscience objective, l'état méditatif, l'Eveil. L'Eveil n'existe pas l'instant d'avant, ni l'instant d'après, l'éveil existe dans l'instant.

Cette stance semble la plus légère, elle est l'une des plus courtes mais elle est évidemment la plus importante de tout le recueil.

" Je veux t'enseigner à
" Aimer les Sages "

O Fils de la Terre
Je veux t'enseigner
A aimer les Sages
Car ils vivent déjà dans l'Eternité
Recherche leur compagnie
Non pour mendier
Mais pour les servir
Car auprès d'eux
Donner c'est recevoir
Leur loi n'est pas celle de la terre
Mais celle de l'Eternité

Idries Shah dit que la *baraka* ne s'attrape pas par contagion. Cette stance est certainement la réponse mais pour elle, comme pour toutes les autres, le problème est qu'il faut en comprendre la signification. Et pour comprendre, il faut rester près du texte.

" Recherche leur compagnie... "

"Recherche leur compagnie" signifie *sois près d'eux*, *sois là où ils sont*.

Nous parlons là du sens extérieur. J'ai déjà expliqué que chaque stance possède un sens intérieur et un sens extérieur et nous allons parler d'abord du sens extérieur.

" Non pour mendier mais pour les servir... "

Ne sois pas là dans un état d'avidité. Mendier c'est pour soi. Si vous vous approchez des Sages, si vous recherchez leur compagnie, ne vous approchez pas d'eux pour un de vos petits *moi* ou pour votre ego. De toute façon, l'ego ne sait rien faire d'autre que mendier. Ces petits *moi* ne connaissent que leurs propres avantages, leurs propres exigences, leurs propres intérêts.

Ne sois pas là pour les servir eux-mêmes, à l'évidence ! Ils vivent déjà dans l'Eternité et leur loi n'est pas celle de la terre mais celle de l'Eternité. C'est donc pour servir ce qu'ils représentent : l'Eternité ou votre éternité. Et de façon beaucoup plus précise encore cela signifie : si vous vous approchez d'eux, faites-le dans l'esprit du travail, de votre travail sur vous.

" Car auprès d'eux donner c'est recevoir... "

Le don que vous faites est le sacrifice de tous ces petits *moi* pour le Supérieur. Donner dans ce sens, c'est recevoir autre chose. Dans le domaine spirituel, en donnant on devient plus riche.

Certains pensent qu'auprès d'un Maître l'évolution est plus rapide. Près du Maître, on ne peut pas évoluer plus vite par contagion ! L'évolution n'est pas une maladie. Mais cette possibilité d'évolution existe effectivement à condition de se situer dans le travail. Cela veut dire être prêt à tout moment d'être mis en situation. Il faut être nécessairement dans l'esprit d'accepter les remises en question, sinon aucune évolution accélérée n'est possible, pas plus là que n'importe où ailleurs. Si auprès d'eux, vous n'acceptez pas d'être dans le Travail, nécessairement la personnalité ou les petits *moi* vont se rebeller, vont jouer leur jeu ordinaire puisqu'ils ne sont pas nourris comme ils le demandent. Ils vont donc se rebeller, se révolter, ils vont s'aigrir, devenir d'autant plus revendicatifs ou au contraire, en s'aigrissant, ils vont de plus en plus s'apitoyer sur eux-mêmes. Ce processus est tout le contraire d'une évolution accélérée, car c'est s'enferrer dans un système d'où il est encore plus difficile d'en sortir. A ce moment-là, on cultive toutes les formes de ressentiment par le manque de reconnaissance, pour la vanité non satisfaite, pour les exigences de tous ordres.

Ce qu'est le Maître ou le Sage, n'est pas contagieux. Vous ne devenez pas plus sage simplement par reflet. Vous ne profitez pas de son aura sans rien faire. Mais auprès d'un Maître et d'un Sage, dans un état d'esprit juste, vous devenez nécessairement conscient de vos propres limites, de vos propres imperfections.

"Donner c'est recevoir"

Un des principes de l'*Enseignement* est que l'être se forme lorsqu'on arrête de vouloir et lorsqu'on commence à être capable de donner de son avoir, de se séparer de l'avoir soit matériellement, soit émotionnellement ou intellectuellement. Pour cette raison je vous dis : rendez service aux autres physiquement, émotionnellement, intellectuellement parce qu'à ce moment-là vous leur donnez et vous vous séparez de quelque chose que vous possédez. Donnez, parce que tout ce que vous possédez va passer un jour et en donnant vous devenez davantage. Lorsque vous donnez matériellement, émotionnellement, intellectuellement votre être intérieur se développe.

"Leur loi n'est pas celle de la terre, mais celle de l'Eternité"

Ceci est la base de la relation de Maître à élève et la sincérité ne peut exister qu'à partir du moment où on a compris cela.

Un chemin spirituel est un processus de développement intérieur dont le but est de permettre à un être humain de se libérer du monde de la relativité dans lequel il vit et de ses conditionnements. Et cette libération permet d'atteindre un autre monde, celui dont parle la stance, le monde de l'Absolu - qu'on l'appelle l'Absolu, Dieu, le Divin ou le *Moi* supérieur, qu'on parle d'illumination ou de réalisation, peu importe.

Vous avez compris également que ce *Chemin* consiste en un travail - travail sur soi, travail avec d'autres qui poursuivent un but semblable -, et que ce travail est fait au service de l'humanité. Cela signifie que dans un premier temps, il s'agit d'avoir un idéal de perfectionnement de soi et un idéal de service, le perfectionnement de soi étant évidemment le travail sur soi et le service, bien au-delà de soi, incluant ceux qui nous entourent, nos proches, les autres élèves, les autres membres de la société dans laquelle nous vivons, jusqu'à l'humanité tout entière. Sans un minimum de l'un ou de l'autre de ces idéaux, il n'y a pas de *Chemin* possible...

Le Chemin qui mène à la vérité ou à Dieu a une condition sine qua non : l'amitié

Il ne s'agit pas de servir les Sages, au mieux il peut s'agir de leur rendre l'amour qu'ils vous donnent ou exprimer cela un peu plus socialement, de leur rendre l'amitié qu'ils ont à votre égard, ou l'amitié qu'ils vous font de vous transmettre leur *Enseignement.* Ce n'est jamais à personne de servir les Sages, les serviteurs des hommes ce sont bien ces Sages. Pour eux, servir, c'est continuer le travail qu'ils ont commencé depuis longtemps. Et dans cette stance, le mot *servir* est précédé d'autre chose et mis en opposition à une autre idée : auprès d'eux il ne faut pas être un *mendiant*, il faut être un homme, une femme qui se tiennent droit et qui avancent droit.

Et les relations entre Maître et élèves, entre élèves et élèves sont régies par des qualités, par des attitudes, par des comportements qu'on appelle nobles et qui sont basés sur un sentiment qui ressemble à l'amitié. Ce qui caractérise l'amitié, c'est qu'elle n'est pas une espèce de sentiment théorique, elle est quelque chose qui s'incarne dans des faits précis. L'amitié est un événement, chaque fois il se passe quelque chose. La qualité essentielle de l'amitié comporte deux facettes : quelqu'un qui est capable de donner et d'autres qui voient ce qui est donné et qui reçoivent. Il faut cette double qualité, celle du donné et celle du recevoir.

Toutes les qualités qui peuvent entrer dans les relations entre Maîtres et Maîtres, entre Maîtres et élèves, entre élèves et élèves, sont ce qu'on appelle des qualités nobles, celles qui font d'un être humain autre chose que les résultats de l'évolution de la nature, celles qui lui rendent la noblesse de ses origines, de ce qu'il y a en lui de plus élevé, de son âme et de son esprit.

Le Chemin qui mène à la *Vérité* ou à Dieu a une condition sine qua non : *l'amitié*. Cultivez l'amitié avec les amis de Dieu ou avec les amis de la *Vérité* appelés parfois les *Chercheurs de Vérité !* Celui qui ne cultive pas l'amitié avec les amis de la *Vérité* ne trouvera jamais le *Chemin de la Vérité*.

La seule morale possible pour un *Chercheur de Vérité* c'est la morale de l'amitié qui s'exprime de façon très claire, c'est l'amour conscient, c'est quelqu'un qui consciemment renonce à son égocentrisme par amitié ou par amour pour quelqu'un et qui manifeste cela dans des actes.

"Lorsque tu découvres un maître, soumets-toi"
Comme Moïse, remets-toi entre les mains de Kidhr.
Tu es sincère, alors attends patiemment
les résultats de sa guidance.
Alors Kidhr ne te dira pas
"Va-t-en, laisse-moi !"
Celui qui obéit aux directives du Maître
est éclairé même dans les ténèbres.
Sois obéissant comme l'a été
Ismaël devant Abraham.
Avec joie et sourire
abandonne-toi en sa guidance.
Ecoute dans la joie,
qu'il te parle chaleureusement ou froidement.
Alors tu seras libéré
de la chaîne des contraintes
et des feux de l'enfer.
La colère comme la bonté du Maître
sont comme le tonnerre de l'orage et l'éclair du soleil
d'un nouveau printemps de la vie.
Grâce à eux, croît la rose
de la sincérité et de la pureté du disciple.

Rûmi

✦

Je veux t'enseigner
"L'Espérance"

O Fils de la Terre
Je veux t'enseigner
L'Espérance
Elle est inscrite
Dans les étoiles et les planètes
Qui dessinent d'autres mondes
Elles sont l'abri des âmes
Et présagent l'aurore
Des mondes à venir

"Je veux t'enseigner l'espérance..."

La seule espérance, le seul espoir possible pour l'être humain, ce sont les étoiles et les planètes. Actuellement vous faites partie de la vie organique sur Terre. Un jour - cela va durer quelques siècles encore, au mieux quelques millénaires - la vie organique sur Terre va disparaître, et l'homme disparaîtra avec elle. Lorsqu'on sait que vous êtes présents seulement à un endroit de ce millénaire, à un moment du temps, on sait que ce temps peut passer très vite pour vous. Si vous n'arrivez pas à vous dégager de la Terre et de la vie organique, vous n'avez aucune espérance, vous disparaîtrez avec la vie organique.

Souvenez-vous du rayon de la Création. Au premier niveau, au-dessus de la Terre, il y a les planètes. La première influence supérieure que vous pouvez recevoir vous vient des planètes. Sans elle, vous n'êtes que vie organique et vous disparaissez avec la vie organique. Ensuite, il y a le Soleil et tous les Soleils - c'est-à-dire les étoiles -, et sans cette deuxième espérance rien n'est possible pour vous non plus.

**"*Les planètes et les étoiles dessinent
pour vous d'autres mondes.*"**

Sans ces deux espérances, vous êtes limités au monde
matériel, au monde terrestre et vous allez disparaître avec lui.
Toutes les âmes véritables, celles qui existent, sont issues de ces
mondes des planètes et des étoiles - les planètes ce sont ce qu'on
appelle le corps astral, les étoiles ce sont l'esprit. Ces mondes
supérieurs sont "*l'abri des âmes*", ils sont l'origine des véritables
âmes. C'est également vers les planètes et les étoiles que les âmes
retournent à la mort, à chaque mort. Sans ces planètes, sans ces
étoiles, l'âme humaine serait attachée à la Terre et ne pourrait pas
évoluer.

Ces étoiles et ces planètes *présagent également l'aurore des
mondes à venir.* Pour vous, en ce moment, elles ne sont pas
encore les mondes à venir, mais elles sont les présages d'un
monde supérieur, d'un autre monde. Lorsque vous sortez un soir
par une nuit étoilée, et si vous vous asseyez un peu, en regardant
simplement les étoiles - pas en pensant, mais peut-être en
chantant cette stance - vous pourrez avoir le sentiment de votre
vie à venir. Et le sentiment qui peut vous habiter est justement un
sentiment qui vous fait sortir de vous-même, qui vous dirige vers
ce monde qui est bien plus grand que le monde terrestre.

Si vous êtes attentifs au sentiment qui naît en vous en
regardant les étoiles, vous verrez qu'il est le même que celui qui
naît en vous en faisant le mouvement méditatif correspondant à
cette stance, le même que celui qui naît en vous en chantant la
stance ou même simplement en la récitant. Il n'existe qu'un seul
sentiment, un seul qui soit lié à tous ces éléments-là. Lorsque
vous ferez ce mouvement et lorsque vous découvrirez son sens
véritable - pour ceux d'entre vous qui le pratiqueront -, vous
verrez qu'au moment où vous le faites, naît ce sentiment
particulier qui est lié aux planètes et aux étoiles.

Le monde des planètes et des étoiles : là se prépare notre prochaine incarnation

Le karma est la chose la plus positive qui puisse vous arriver puisque c'est le moyen par lequel la compassion divine vous permet de tout réparer. Les planètes et les étoiles sont donc l'espérance pour vous, tout ce que vous avez fait de mal, tout ce qu'on vous a fait de mal, tout ce qui est imparfait, peut être compensé, transformé.

"Elles sont l'abri des âmes". Après la mort, c'est dans le monde des étoiles et des planètes qu'il est possible de préparer l'avenir, de créer les conditions pour que l'*essence* puisse se perfectionner dans une prochaine vie, non seulement en compensant le passé mais également en mettant en place les éléments de perfectionnement.

Je veux t'enseigner
"Le Devenir"

O Fille de la Terre
Je veux t'enseigner
Le Devenir
Sache que seul l'homme peut devenir
Car les plantes
Et les animaux meurent
La mort est pour l'homme de la Voie
Un nouveau Devenir
Sur le chemin de l'Éternité

"Je veux t'enseigner le Devenir,
seul l'homme peut devenir,
les plantes et les animaux meurent... ".

Il s'agit de trouver le principe essentiel qui se cache dans cette stance, l'*essence* du principe qui lui a donné naissance. C'est un principe dynamique lié à la possibilité d'être, de devenir, et lié en même temps à la possibilité de la mort. La stance fait la différence entre ce qui est vivant et ce qui est mort, entre ce qui est voué à la mort et ce qui peut vivre et, au-delà encore, entre la vie et la mort. Tout ce qui est emprisonné dans la biosphère - en particulier les plantes et les animaux, prisonniers de leur espèce -, est sclérosé. Après une naissance, une croissance et une mort, ils sont condamnés à la disparition, ils ne peuvent pas *devenir*. Bien que l'homme soit un animal supérieur - comme le pense la science -, s'il ne fait rien pour *devenir,* il subit le sort du monde animal, il disparaît à la mort.

Pour évoluer, sortir de ses attitudes

Les attitudes sclérosent et tuent. Les plantes et les animaux sont prisonniers des leurs - c'est ce qu'on appelle habituellement l'instinct. Seul l'être humain est capable de sortir de ses attitudes, et tant qu'il reste dans ses instincts ou ses attitudes, il ne peut ni devenir libre ni évoluer. Une attitude est une manière d'être, d'agir, de penser, de ressentir, que vous adoptez de façon tout à fait mécanique, automatique, inconsciente. Une des lignes essentielles du travail est d'observer ses automatismes, donc ses attitudes, pour en devenir conscient et les changer lorsqu'elles sont mauvaises. La plupart des attitudes sont liées à la fausse personnalité. Quand par exemple, vous vous croyez supérieur à quelqu'un, vous avez toujours une certaine attitude à son égard. Cette attitude prend sa source dans l'idée que vous vous faites de cette personne. En réalité, tout part surtout de l'idée que vous vous faites de vous-même.

Se libérer des attitudes, qu'elles soient physiques ou mentales, est le début d'une forme de liberté, et la détente qui s'ensuit est un gain d'énergie et une amélioration de la vie quotidienne, sans compter l'acquis spirituel qui en résulte. Etre dans une attitude, c'est s'agripper à quelque chose ; s'en libérer, c'est lâcher prise, la tension disparaît, on n'a plus besoin de se retenir, et on ne tombe pas pour autant.

"La mort est pour l'homme de la Voie un nouveau devenir sur le chemin de l'Eternité"

Cette stance du *Devenir* précède la stance de *l'Espérance* et l'une complète l'autre dans sa signification. Le *Devenir*, c'est la possibilité d'évoluer sur terre, et surtout dans d'autres mondes. La stance de *l'Espérance* lui répond : Il y a encore d'autres mondes qui suivront la Terre. Elle indique d'autres possibilités, l'évolution de l'homme dans d'autres mondes, au-dessus de la terre. Le *devenir* a plusieurs niveaux. Aujourd'hui, votre seul vrai problème, c'est d'apprendre à *devenir,* et vous ne devenez pas parce que vous *n'êtes pas.*

Vous connaissez un secret :
celui de l'Immortalité

Ne gâchez pas, comme le disent certains écrits des Chrétiens, ne gâchez pas le talent qui vous a été donné de savoir le secret de *l'Immortalité.* Ne le perdez pas, ne le cachez pas quelque part au fond de votre mémoire. C'est ce que nous raconte l'histoire des talents : celui qui a un talent le cache de peur de le perdre. Non, ne faites pas comme celui-là : vous avez un talent, une connaissance, vous connaissez un mystère, faites-en quelque chose, multipliez-le !

Faites fructifier ce talent, sinon - et ceux qui ont ces connaissances le savent - au lieu de se faire fructifier soi-même pour *devenir,* on devient quelque chose qui servira à d'autres, du compost pour la vie organique, de l'humus pour les plantes. Le destin de l'être humain peut être plus grand. Vous avez le choix entre ce compost et la beauté des choses telles qu'elles sont parfois chantées dans les stances.

Je veux t'enseigner à "Dire la Vérité"

O Fils de la Terre
Je veux t'enseigner
A dire la Vérité
Elle est comme le couteau
Qui partage les aliments
Entre frères
Mais elle peut être aussi dangereuse
Que le poignard
Prêt à transpercer le cœur
Qu'entre tes mains
Elle soit l'instrument du partage

Avant de percevoir la Vérité, il faut déjà percevoir correctement le réel - le réel n'est pas nécessairement toute la vérité - c'est-à-dire qu'il faut avoir ses sens en éveil, voir et entendre correctement. Les sens nous permettent d'appréhender le réel. Concernant la vérité, il faut quelque chose en plus : la réflexion sur le réel. Cette réflexion à partir du réel permet petit à petit d'entrer en contact avec la vérité qui, elle, nourrit aussi le discernement. Pour l'être humain, la vérité n'est pas quelque chose d'absolu, mais elle est toujours liée à une espèce de choix et donc au discernement.

La réalité ou le réel est perçu par les sens, la vérité est perçue par l'esprit et le cœur. Cela signifie que le réel subit une métamorphose dans l'esprit ou le cœur humain pour devenir la vérité. Il y a d'abord perception de la nourriture des impressions par les sens. Ces impressions doivent être transformées d'une manière ou d'une autre. Elles sont transformées par la réflexion ou par la valorisation, c'est-à-dire un moyen qui est celui de l'esprit en réfléchissant ou un autre moyen qui est le cœur en valorisant. La réflexion et la valorisation sont les plus importants, puis l'esprit et le cœur se joignent à la perception des sens.

L'être humain ne détient pas la Vérité absolue

Cette stance fait justement allusion au fait que la vérité est quelque chose qui est partagé entre tous les frères, entre tous les êtres humains. Il y a de nombreuses explications de cette stance et l'une d'entre elles est celle-ci : l'être humain ne peut pas appréhender la Vérité dans ce qu'elle a d'absolu. Au niveau le plus élevé, la Vérité est un tout, elle est l'apanage de l'Absolu ; c'est ce que les religieux appellent Dieu. Même les dieux ne possèdent qu'une part de la Vérité. L'être le plus évolué, du fait de sa descente dans le temps et l'espace ne possède pas la Vérité car celle-ci est au-delà de l'espace et du temps. A notre niveau, chacun ne peut détenir qu'une partie de la Vérité. Avoir conscience de cette réalité fait qu'on possède la vérité : la vérité de savoir qu'on ne possède qu'une part de la Vérité.

"Elle est comme le couteau qui partage les aliments entre frères"

On peut partager avec les autres mais avec discernement et sans conflit, parce qu'on partage entre frères. Sinon, croyant détenir la Vérité, alors qu'il ne s'agit qu'une partie de la Vérité, il arrive qu'on s'oppose à d'autres, d'où les conflits lorsque la vérité est mal utilisée. Alors elle peut être un instrument de différence et de séparation - surtout de séparation - entre les individus. Ce qui signifie que chacun, à partir de la vérité qu'il perçoit et qui n'est évidemment pas la Vérité absolue, crée une théorie dont il veut faire la Vérité absolue. C'est alors la naissance de l'intolérance, de toutes les luttes théoriques entre les êtres humains, qu'elles soient sociales, politiques ou religieuses. En fait, la vérité n'est pas un couteau qui partage, mais on en fait une arme qui sépare et qui tue.

"Qu'entre vos mains elle ne soit pas le poignard qui transperce le cœur"

De quels aliments s'agit-il ? Il suffit - et c'est assez douloureux pour l'un et l'autre - que l'Instructeur soit obligé d'utiliser la vérité comme un bistouri vis-à-vis de l'élève, mais qu'entre frères, ce soit plutôt un instrument de partage. Voilà un aspect plus général de cette stance.

L'aspect plus proche pour chacun est évidemment que toute vérité n'est pas bonne à dire parce qu'il y a un moment et un lieu pour la dire, il y a des personnes à qui on peut la dire, il y a des niveaux auxquels on peut la dire. Nous savons que l'être humain se doit la vérité à lui-même, liée à la connaissance de soi, à la connaissance qu'il a des autres, à la connaissance qu'il a du monde. Il doit la donner aux autres dans le monde en fonction de leur capacité de la comprendre et de l'utiliser correctement. Il peut être dangereux de dire la vérité à certaines personnes. Elle peut se retourner contre soi ou peut détruire celui qui n'est pas prêt à la recevoir. Elle est alors le poignard prêt à transpercer le cœur. C'est l'autre aspect, c'est-à-dire que la vérité se dit avec discernement.

La vérité révélée aux élèves en chemin...

Au point de vue d'un *Enseignement* spirituel, la vérité se révèle progressivement avec le même discernement. Voilà pour un *Enseignement* spirituel nécessairement évolutif dépendant du temps, du lieu et des personnes présentes. Et de plus, cette vérité est transmise d'une façon évolutive et de façon partagée, c'est-à-dire différente selon les individus. Pour certains, elle est révélée de façon directe et théorique ; pour d'autres, elle est révélée de façon indirecte, non pas par la théorie mais par des actes ; pour d'autres encore, elle est révélée de façon intuitive. Il y a toutes sortes d'instruments de révélation, de partage de la vérité, entre les mains d'un Instructeur d'un *Enseignement*. Les façons sont multiples : elles sont physiques, elles sont émotionnelles, elles sont intellectuelles ou spirituelles, le tout aboutissant à une perception de la vérité possible par celui qui veut la vérité, pour celui qui vient chercher la vérité.

La vérité partagée dans le travail sur le Chemin

Dans le Travail sur le *Chemin*, la volonté de tout se dire est une illusion, mais essayer de tout se dire est une bonne chose, l'écrire, voir ce qu'on peut dire, ce qu'on est capable de dire, ce que je suis capable d'entendre... Il faut tendre vers cela ; plus on tend vers cela, mieux ça vaut. Mais vous savez bien que ce qu'on est capable de dire, ce qu'on dit être la vérité est loin de la vérité. Et il y a ce que l'autre est capable d'entendre, capable de comprendre, capable d'accepter, ce qu'il veut accepter, ce qu'il veut comprendre. Il y a beaucoup de paramètres, mais tous ces paramètres tombent pour se créer une relation ou plutôt se bâtir une relation de qualité où la vérité ne sera pas un vain mot.

Je veux t'enseigner
"La Générosité"

> O Fille de la Terre
> Je veux t'enseigner
> La Générosité
> Celle qui dénoue les mains
> Et qui fait du cœur
> Un cristal aux mille facettes
> Ne sais-tu pas
> Que la richesse ferme les mains
> Qu'elle obscurcit
> Et durcit les cœurs
> Sois comme le soleil
> Donne
> Donne encore
> Et donne toujours
> La Lumière

Il est plus difficile à un riche d'entrer dans le Royaume des Cieux qu'à un chameau de passer par le chas d'une aiguille. C'est là le problème de l'attachement à la richesse, quelle qu'elle soit.

" Je veux t'enseigner la générosité,
celle qui dénoue les mains"

C'est une générosité active. Les mains représentent la volonté active, l'incarnation des choses. Il n'y a pas de générosité sans acte généreux.

" Qui fait du cœur un cristal aux mille facettes..."

Le cristal est pur, transparent, sans tache. Les taches représentent les traits du caractère. La générosité est certainement l'un des moyens importants de lutter contre tous les traits, pas seulement l'avidité. On n'a jamais vu quelqu'un de non généreux avancer réellement sur le *Chemin*. Aussi, est-ce une qualité à cultiver à tous les niveaux.

Si vous n'êtes pas généreux dans un domaine, essayez au moins de l'être dans un autre, commencez à cultiver une forme de générosité quelque part. Si vous êtes trop avare pour donner matériellement, donnez au niveau relationnel, sous la forme par exemple du temps que vous donnez aux autres, ou bien au niveau intellectuel, communiquez ce que vous avez compris.

La générosité lave le cœur, elle le purifie petit à petit, le rend comme un cristal *aux mille facettes*. Il devient alors comme un soleil qui reflète la lumière. A l'état brut, le cristal est transparent, il laisse passer la lumière. Lorsqu'il est poli et taillé, lorsqu'il a des facettes, non seulement il la laisse passer mais il la reflète, c'est-à-dire qu'il la donne. Et un véritable cœur, celui que nous formons à travers le *Chemin*, devient un cristal taillé. Il est capable de rendre ce qu'on lui donne, de refléter la lumière à profusion.

"Ne sais-tu pas que la richesse ferme les mains, qu'elle obscurcit et durcit les cœurs"

Le risque de la richesse - de n'importe laquelle -, c'est de vouloir fermer les mains pour la garder pour soi. De façon naturelle, la richesse a tendance à se diriger vers l'extérieur, vers le monde, vers les autres. Mais le riche cherche à retenir sa richesse. L'orgueilleux, celui qui se croit supérieur parce qu'il sait quelque chose, voudra garder sa richesse intellectuelle. L'avide, lui, voudra garder sa richesse matérielle. La richesse émotionnelle, on peut la trouver par exemple dans un couple où règne une certaine entente, une certaine joie et, à cause du bonheur qu'on peut connaître à deux, on oublie de s'ouvrir aux autres. C'est là justement une des causes du retour du pendule dans l'amour à deux : lorsqu'il reste fermé sur lui-même, il se transforme un jour ou l'autre en haine ou en indifférence. Par contre, même l'amour humain, s'il sait s'ouvrir aux autres, court beaucoup moins le risque de se dissoudre et de finir dans l'indifférence ou même la haine. Quand vous recevez de l'amour, ne soyez pas comme l'enfant qui a besoin de l'amour pour grandir. L'état adulte, mature, est à l'opposé de l'état infantile, il reçoit et il donne ce qu'il reçoit.

Il en est de même pour l'*Enseignement*. Un *Enseignement* spirituel est issu de la Lumière, de la Connaissance, il est issu de l'Amour, et s'il peut être transmis, c'est grâce à l'amour des Maîtres et des Bodhisattvas qui viennent aider l'humanité. Il suit donc les lois de l'amour : rendre ce qu'on a reçu, même à travers la transmission simple de l'*Enseignement*.

"Sois comme le soleil, donne encore et toujours la lumière"

La générosité est la réponse à l'avidité. Elle est également une des conditions importantes du *Chemin* et doit se manifester de façon matérielle, émotionnelle et intellectuelle. La lutte contre l'avidité passe par la générosité et la générosité n'empêche pas de posséder beaucoup de choses. On peut être riche à condition d'être comme le Soleil, de faire profiter d'autres de sa richesse. L'avidité, c'est lorsqu'on accumule sans jamais pouvoir donner. Il vaut mieux être riche et généreux que pauvre et généreux, parce que le riche peut, grâce à sa générosité, aider les autres. Et la plus belle des générosités - celle que chante la stance 19 -, c'est le don de soi :

O Fils de la Terre
Je veux t'enseigner
Le meilleur des dons
C'est le don de toi-même
Et surtout n'attends pas pour donner
Que la main se tende
Sois comme l'eau
Qui coule de la fontaine
Elle jaillit pour la joie de se donner
Sans attendre qu'on demande

La générosité, c'est tendre la main quand quelqu'un va tomber, c'est accepter de toujours renouveler les conseils, c'est-à-dire d'être toujours à la disposition de ceux qui en ont besoin, même quand ils n'appliquent pas ce qu'on leur explique. Il faut être capable d'expliquer encore une fois et encore une fois, en sachant que les êtres humains, lorsqu'ils ne sont pas en chemin - et même lorsqu'ils le sont - sont comme des enfants. Et vous savez bien à quel point il faut répéter les choses aux enfants, dix, cent, mille fois, avant qu'ils les appliquent.

Lorsque je suis en face de quelqu'un qui a un problème d'attachement, d'avidité, par rapport à quoi que ce soit : à un morceau de pain, à sa voiture, à sa maison, à ses chaussures, je me pose chaque fois la question : "Que puis-je faire pour cette personne afin qu'elle connaisse la joie de donner, en fait la joie de ne pas être attachée, pour qu'elle connaisse cette espèce de générosité ?"

✧

Je veux t'enseigner à
"Rendre le bien pour le mal"

O Fils de la Terre
Je veux t'enseigner
A rendre le bien pour le mal
Sois semblable
A la Beauté
Qui accepte tous les regards
Sans jamais en être altérée
Et comme elle
Offre ta lumière
Même aux méchants

Aimez même vos ennemis !
Comme le soleil qui brille pour tout le monde...

Voilà le sens. En d'autres termes : devenez des êtres spirituels. Le monde spirituel est comme le soleil, il brille pour tout le monde. Il donne sa chaleur et sa lumière même à celui qui fait le mal. Acquérez des qualités de nature solaire, ne restez pas au niveau de la biosphère où règne la loi de la lutte pour la survie, où régnait pendant longtemps la loi du talion : œil pour œil, dent pour dent...

Nous l'avons vu, les stances peuvent être comprises à des niveaux différents et le plus simple est de les considérer du point de vue de chacun des centres : centre intellectuel, centre émotionnel et du point de vue des trois centres physiques. Une autre façon de les aborder est de considérer qu'elles ont toujours un sens extérieur, comme celui que je viens d'indiquer, et un sens intérieur.

Je veux t'enseigner à *rendre le bien pour le mal :* rendre le bien pour le mal, c'est faire du mal qui existe en vous - et il en existe en chacun - du bien. Cette stance parle en fait de la transformation de tous les traits du caractère, d'une part par l'élimination de tout ce qu'ils peuvent comporter de négatif, et en même temps, en faisant apparaître leurs aspects positifs, ceux que décrivent les stances.

" *Sois comme la beauté qui accepte tous les regards sans jamais en être altérée.* "

La situation est inversée maintenant. Tout à l'heure on rendait le bien pour le mal, le mouvement allait de soi vers les autres. Maintenant il s'agit de ce qui vient des autres vers nous et la stance dit : accepte tout ce qui vient des autres sans en être altéré. Accepte ce que les autres disent de toi, pensent de toi, accepte ce qu'ils font, sans que cela ne t'altère en rien.

Cette stance nous montre un double aspect : comment agir vers l'extérieur, vers les autres et comment recevoir ce qui vient d'eux : ne plus être influençable. L'influençabilité est la plaie du monde. Pendant très longtemps elle est votre propre plaie, elle vous fait souffrir. Vous attendez constamment quelque chose des autres. Vous êtes attachés à ce qu'ils disent, à ce qu'ils pensent, à l'attention qu'ils vous portent... La stabilité intérieure ne peut naître que de l'indépendance vis-à-vis des autres.

" *Et offre ta lumière même aux méchants* "

La stance nous conseille à nouveau la clémence vis-à-vis de tout le monde et la charité. Le mal que l'on fait nous revient toujours, selon la loi du karma, la loi d'airain à laquelle on ne peut rien changer ou pas grand chose. C'est pourquoi, sur le *Chemin*, plus vite on arrête de faire mal, plus vite on permet à l'ensemble du karma d'être compensé, puisqu'on ne crée plus de nouveau karma négatif. On se met pour les jours à venir, que ce soit dans cette vie ou dans une autre, dans la meilleure situation possible. Un karma passé existe encore, que nous compensons soit à travers une certaine forme de souffrance, soit par les efforts que nous faisons. Mais au moins arrêtons de faire du mal, ne serait-ce que pour nous situer le plus vite possible sur cette pente de l'évolution. Arrêtons de nous handicaper nous-mêmes en nous mettant des boulets aux pieds...

Je veux t'enseigner
"La Douceur"

O Fille de la Terre
Je veux t'enseigner
La Douceur
Celle du sourire sur les lèvres
Et des paroles toujours bonnes
Celle du regard attentif
Et celle des mains qui s'ouvrent
Pour donner
Et enfin recevoir

La clé de cette stance se trouve dans la fin, dans la chute : *Recevoir.*

"Je veux t'enseigner la Douceur, celle du sourire sur les lèvres..."

Savez-vous à quoi correspond le sourire sur les lèvres ? C'est une forme de considération extérieure pour dire : "Je suis content que tu sois là". Donc le sourire s'adresse toujours à quelqu'un d'autre pour dire "je suis content, je suis heureux que tu sois là".

"Et des paroles toujours bonnes..."

Ne dire que de bonnes paroles élimine toutes les paroles inutiles ainsi que "parler des autres surtout en mal". Parler des autres est remplacé par le sourire. Il y a deux types de relations aux autres : la relation "parler des autres" et la relation du "sourire" sur les lèvres, *"les paroles toujours bonnes"*.

"Celle du regard attentif..."

Le regard attentif c'est : "je vois que tu es là, que tu existes" et le sourire sur les lèvres, "je suis heureux que tu sois là." Dans la stance, on reprend ces deux éléments.

"Et celle des mains qui s'ouvrent"

Les mains qui s'ouvrent, c'est l'appel à la générosité évidemment, mais c'est encore autre chose. Les mains fermées, c'est la fermeture sur l'ego, la fermeture sur tous les petits *moi*, la fermeture sur soi, c'est tout agripper. Alors que les mains s'ouvrent pour donner...

Et puis le paradoxe évidemment, c'est lorsqu'on donne on reçoit, mais on reçoit d'une autre nature. On ne reçoit pas tout ce qu'on a donné, mais le début de la stance : *la douceur*. On a donné le regard, les paroles toujours bonnes, le sourire, on a même ouvert les mains pour lâcher tout ce qu'on agrippait et le retour est quelque chose de plus subtil, *la douceur*.

La douceur est une des clés de l'Eternité

La douceur fait référence à autre chose encore : *"Heureux les doux, car ils auront la Terre en héritage"*, la Terre en question est la Terre future... C'est tout ce qui est grand, c'est l'Eternité, l'Immortalité, c'est la vie, l'Amour et la Connaissance. Ceux qui comprennent la douceur reçoivent cela.

C'est ce qui fait que cette stance soit un peu particulière. Elle dit *"je veux t'enseigner la douceur"* et après on semble en décalage avec la douceur. Le regard attentif, le sourire sur les lèvres, les paroles toujours bonnes, les mains qui s'ouvrent, tout cela c'est plutôt la générosité. Mais celui qui pratique cela, reçoit la douceur en retour. Et la douceur est une des portes, une des clés de l'Eternité, une clé de la Connaissance et de l'Etre.

Acquérir le véritable respect des choses,
le respect envers ce qui nous dépasse

Mais au delà de cela, la douceur est aussi quelque chose qu'il faut pratiquer de façon juste, aussi vis-à-vis de la Terre. La plupart des êtres humains sont des rustres, des balourds, ils mettent les pieds dans le plat tout le temps, claquent les portes, font du bruit en marchant, en mangeant, ils font du bruit tout le temps. Ils ne savent pas ce qu'est la douceur, ils maltraitent tout, même la Terre, leur mère nourricière, le monde de la matière. Donc là aussi, le conseil est d'apprendre la douceur : marcher en douceur, fermer les portes et les ouvrir en douceur, se moucher en douceur, être dans la discrétion en douceur, parler en douceur. Dans les paroles inutiles, il y a aussi toutes ces paroles dites trop fort, il y a toutes les paroles en aparté qui sont des paroles inutiles, comme si ce que vous aviez à vous raconter était plus important que ce que je dis. Parler en aparté correspond à une insulte due uniquement à votre manque de respect, votre manque de douceur, votre manque de considération extérieure. Tout cela entre dans la douceur, c'est cela qui vous manque. Mais heureusement vous pouvez le travailler.

Les êtres humains ne savent même pas où se situe la douceur ou le respect des choses. Ils connaissent le respect, la politesse qu'ils ont appris, mais ils ne connaissent pas le véritable respect, parce que justement ils manquent de considération extérieure, ils manquent de compréhension de la vie et des choses. C'est pour cela qu'ils sont sacrilèges et blasphématoires constamment envers la vie, envers ce qui les dépasse, ils ne savent pas ce qu'ils font. C'est la raison pour laquelle celui qui a dit *"Heureux les doux"* a dit aussi : *"O mon Père, pardonne-leur, parce qu'ils ne savent pas ce qu'ils font."*

Les qualités supérieures, on ne les a pas de naissance et on ne peut pas les apprendre dans sa famille, ni a l'école. Les qualités supérieures sont liées à ce qu'on comprend de la vie. Mais pour les comprendre dans la vie, on est obligé de se frotter à la vie et de commettre des erreurs. Il faut avoir la chance de rencontrer des gens qui nous montrent où sont les erreurs, parce que seuls nous sommes incapables de les voir à cause de nos conditionnements.

Un lien étroit entre le physique, les émotions et les pensées

Il est très intéressant d'observer vos attitudes habituelles, il est très utile de remarquer vos postures préférées, votre façon de sourire, de parler, pour en sortir, car vos attitudes vous emprisonnent. Il existe une correspondance et même un lien étroit entre les attitudes, les expression physiques, les postures qu'on prend habituellement et la façon de penser ainsi que les émotions qui sont les vôtres. Vous ne pouvez pas vous tenir autrement que ce que vous êtes au niveau de vos émotions, ni autrement que vous le permet votre façon de penser. Vous n'êtes pas maître de vos émotions, un peu plus de vos pensées. Par contre, il vous est facile d'agir sur vos attitudes physiques. Si vous commencez à agir sur vos attitudes physiques, vous mettez en œuvre un processus de transformation de vos émotions et de votre façon de penser. Vous créez au niveau de votre cerveau de nouvelles connexions, vous lui ouvrez de nouvelles possibilités qui sont emprisonnées dans un conditionnement bien précis depuis votre naissance. Ce travail est non seulement extérieur, mais également un travail sur les émotions et les pensées. Mais cela ne fonctionne que si vous avez d'abord observé vos propres attitudes, vos expressions et vos postures. C'est une loi extrêmement importante.

Comment acquérir une qualité qu'on ne possède pas
Un élément essentiel du Travail

On ne peut tirer des fruits de son travail que si on agit à partir de quelque chose qu'on a observé en soi.

Si vous avez décidé d'être doux dans vos relations avec les autres, c'est bien... Du point de vue du travail cela ne sert à rien. Il faut que vous deveniez doux après avoir observé où vous ne l'êtes pas, quand vous ne l'êtes pas et c'est là que vous devez introduire de la douceur. C'est là un travail de transformation de soi, un travail d'évolution. Et tout travail sur le *Chemin* part toujours de ce point-là, de ce qu'on a observé en soi. C'est la raison pour laquelle on ne peut pas travailler par imitation, cela ne mène nulle part. Le Travail commence toujours par l'observation de quelque chose en soi. Alors seulement on peut le transformer.

Quelqu'un qui a soit le regard focalisé ou hypnotisé - comme un lapin -, soit le regard vague ou qui erre, ne peut pas être doux car il n'a pas le *regard attentif*. Le regard attentif c'est le regard qui voit les choses. On ne peut devenir doux que lorsqu'on commence à être attentif. Pour cela il faut se détendre, se relaxer physiquement.

Je veux t'enseigner
"L'Harmonie"

O Fille de la Terre
Je veux t'enseigner
L'harmonie entre l'intérieur et l'extérieur
Que ton apparence
Soit le reflet de ton cœur
Mais sache
Qu'il est plus difficile
De laver le cœur que les mains
Sois comme le cristal précieux
Transparent à l'extérieur
Et pur à l'intérieur

Cette stance indique parfaitement le lien qu'il doit y avoir entre la vie intérieure et la vie extérieure : l'harmonie. Elle le décrit tout au long des différents vers. Celui qui a l'harmonie est quelqu'un qui, dans ses différents centres, vit de façon unifiée, harmonieuse. Il n'y a pas une chose qui tire à droite, l'autre à gauche. La pensée et le cœur d'une part et le comportement extérieur, la volonté ou tout ce qui est physique, sont en harmonie.

"Que ton apparence soit le reflet de ton cœur"

Quand on arrive à un état unifié, l'apparence est réellement le reflet du cœur. De façon très habituelle, l'apparence est le reflet de ce que sont les êtres. Les gens sont ce qu'ils font, et ne sont pas meilleurs. Vous n'êtes pas ce que vous rêvez être, ou ce que vous voudriez être. Vous êtes ce que vous faites.

" Sache qu'il est plus difficile de laver le cœur que les mains"

La stance s'adresse à celui qui est en *Chemin*. Elle lui indique l'endroit du début du travail qui lui fera perdre une partie de son orgueil : l'orgueil de pouvoir commencer sur ce qu'il y a de pire en lui, sur les taches les plus profondes, sur ce qu'il y a de plus négatif et de profondément négatif en lui, les traits de caractère par exemple, ou toutes les émotions négatives profondes.

Il peut commencer par ce qui est le plus facile, et au lieu de commencer pas le fond du cœur, il commence par les mains. Le fond du cœur - l'âme et l'esprit -, est ce qu'il y a de plus profond. Les mains représentent les attitudes, les comportements extérieurs. Tout le monde peut commencer à changer ses attitudes extérieures, les ennoblir. Tout le monde peut changer son comportement et le rehausser d'un certain niveau. Dans la vie ordinaire, les gens le font puisqu'ils s'adaptent à des convenances, à un certain savoir-vivre. Pour l'homme ou la femme de la *Voie*, il ne s'agit pas de s'adapter aux convenances, mais de transformer son comportement pour le rendre semblable à celui qu'il veut atteindre un jour naturellement parce ce que son cœur a changé.

Une grande partie du travail consiste à changer dans l'esprit du travail - sans hypocrisie - son comportement extérieur, c'est-à-dire ses mains, ses actes. Il faut commencer le Travail vers l'extérieur parce qu'il est plus facile de laver les mains que le cœur, mais tout part de l'intérieur.

" Sois comme le cristal précieux, transparent à l'extérieur et pur à l'intérieur"

Cela signifie que toutes les taches, tous les traits négatifs du caractère, toutes les émotions négatives et toutes les considérations intérieures ont été enlevées, à l'intérieur comme à l'extérieur. Tout est devenu transparent, on peut voir à l'intérieur comme à travers un cristal. Plus il est pur, plus on devrait voir à travers. A ce moment là, le cœur devient le lieu parfaitement pur à travers lequel tout est perçu. Le monde se reflète de façon objective dans ce cœur, et non plus teinté de la subjectivité de chacun, de la subjectivité négative en particulier. Il n'y a plus d'émotions négatives qui teintent le monde et les autres. Les émotions négatives ne se projettent plus sur les autres, il n'y a plus de considération intérieure, tout est perçu dans la vérité.

La stance nous montre de façon tout à fait raisonnable notre réalité intérieure et extérieure et le chemin qui mène d'une réalité intérieure qui est toute tachée, vers un état intérieur qui peut aller à la rencontre du réel tel qu'il est, tel qu'on l'imagine.

Seul peut arriver à l'harmonie quelqu'un qui est en harmonie avec le monde extérieur, quelqu'un qui ne projette plus rien contre le monde extérieur, qui intérieurement est devenu quelqu'un de tout à fait transparent. Il n'est plus une partie séparée du monde extérieur, il est parfaitement intégré, il est vraiment en harmonie. Son cœur est devenu un cristal - comme un cristallin -, ce qui permet à l'œil de voir et d'observer. Cette transparence est la qualité du cristallin. L'harmonie est à cette condition.

Dès qu'on projette quelque chose de soi, de sa volonté égoïste - ses exigences, ses conditionnements - sur le monde extérieur, on ne peut pas être en harmonie avec lui. La condition de l'harmonie, c'est la transparence. Quand vous arrivez vers les autres et vers le monde avec tout le contenu de votre ego, il y a nécessairement opposition. Il va y avoir combat, il va y avoir lutte. Celui qui est devenu transparent n'a plus de combats, il n'a plus de luttes avec le monde extérieur, il est intégré, il est en harmonie quoi qu'il arrive.

Le lien dévotionnel entre le Travail accompli sur Terre et les mouvements des planètes

La stance de l'harmonie est la stance la plus intimement liée à la pratique des *mouvements méditatifs* parce qu'elle fait le lien dévotionnel entre le Travail accompli sur Terre et les mouvements des planètes, les mouvements de la musique des sphères. Le chant ne décrit pas seulement ce qui se situe entre ce qui est en haut et ce qui est en bas mais en même temps, il décrit les qualités à développer pour être soi-même l'instrument situé entre le ciel et la terre, le lien entre les messagers divins et spirituels et les autres hommes capables de transmettre quelque chose. C'est la raison pour laquelle ce chant est utilisé au cours de l'*Enseignement* et de sa pratique.

A partir du moment où on décide d'aller faire les *mouvements méditatifs*, on commence dès cet instant à se mettre dans l'état d'esprit juste. Cet état d'esprit va nous amener, dans un premier temps, à nous soigner un peu physiquement et, dans un deuxième temps, à nous purifier un peu l'âme et l'esprit. La purification de l'âme se fait par la respiration profonde et consciente. On commence à se concentrer sur sa respiration abdominale. Tout en restant concentré sur sa respiration, on peut simplement la compter. On purifie son corps en le lavant. La purification de l'esprit consiste à réciter ou à chanter une stance, un mantra ou un dikhr.

✦

Je veux t'enseigner
"La Droiture et la Limpidité"

> O Fils de la Terre
> Je veux t'enseigner
> La Droiture et la Limpidité
> Que ton cœur
> Apprenne à aimer
> Ce que ta pensée a fait sienne
> Tu seras alors comme la terre assoiffée
> Que l'eau rend fertile

Voilà ce que j'avais de plus beau à dire quant à la droiture. La droiture est une qualité très importante sur le *Chemin,* elle fait partie de l'aspect extérieur du travail.

Lorsque nous parlons de droiture, il s'agit déjà de la droiture avec soi-même. On se fixe un certain travail, on se fixe une ligne de travail et on le fait tranquillement, quoi qu'il arrive de l'extérieur.

"La Droiture et la Limpidité"

C'est être droit, toujours. Les vraies qualités, on ne peut les avoir à certains endroits et pas à d'autres. Les vraies qualités, on les a ou on ne les a pas. On ne peut donc pas les avoir dans certains milieux et pas dans d'autres. Si on a la droiture qu'à certains moments, c'est qu'on ne l'a pas encore, c'est qu'on s'y exerce seulement à certains endroits. Le mieux est de vous exercer partout.

On dit qu'être droit, c'est se montrer extérieurement tel qu'on est intérieurement, ou plutôt tel qu'on a décidé de devenir. Ce n'est que lorsqu'on possède ou qu'on cultive cette droiture vis-à-vis de soi-même qu'on peut s'approcher de la Vérité. Sans cette droiture, il se crée une dysharmonie en soi, qui est la cause essentielle de la peur et de la dépression. La droiture vis-à-vis de soi-même est sans aucun doute le moyen le plus efficace pour lutter contre la peur et contre la dépression. La dépression en particulier naît toujours d'un manque de droiture vis-à-vis de soi-même.

Mais la droiture signifie beaucoup d'autres choses encore. La droiture, c'est déjà ne pas parler des autres, surtout lorsqu'ils sont absents. La droiture vous permettra de ne jamais blesser un autre parce que vous irez vers lui avec de la considération extérieure et vous trouverez le moyen de vous adresser à lui avec cette considération en vous. Portez en vous la volonté de ne jamais blesser personne.

Sur le *Chemin*, la droiture vis-à-vis de l'Instructeur est également d'une grande importance. Savoir reconnaître et dire ce qu'on veut réellement ou ce qu'on peut. Un jour, quelqu'un me demandait la différence entre un soufi et un derviche. Tout le Travail sur le *Chemin* est la préparation pour devenir un jour soufi. Tant qu'on est sur le Chemin, on est encore derviche, tourneur souvent, en rond... Cela signifie qu'il y a très peu de soufis et beaucoup de derviches.

" Que ton cœur apprenne à aimer ce que ta pensée a fait sienne"

Lorsque tu as compris quelque chose intellectuellement, et si tu as vérifié que c'est vrai, alors vis-le, et à ce moment-là la compréhension passe au niveau de l'émotion, au niveau du cœur. Apprends à l'apprécier, à en comprendre la valeur.

Cette stance nous indique les quatre premières étapes de l'octave du *Chemin* : en "do", une information vous est transmise, en "ré", cette information est étudiée et repensée par vous-même, en "mi" vous lui accordez de la valeur, vous l'aimez.

Ces trois étapes sont des étapes obligées pour arriver à une première compréhension, quand *"ton cœur a appris à aimer ce que ta pensée a fait sienne."* Alors en "fa" vous commencez à la comprendre, parce qu'à ce moment-là vous avez joint un élément du cœur à un élément de l'esprit.

Or, vous savez bien que vous comprenez beaucoup de choses intellectuellement, qu'il y en a même que vous n'arrivez pas à aimer et que pour beaucoup d'entre elles vous n'arrivez pas à les pratiquer ! La droiture, c'est vivre selon ce qu'on a reconnu comme étant bon, juste et vrai.

"Tu seras alors comme la terre assoiffée que l'eau rend fertile"

"Que l'eau rend fertile"... Ce terrain que tu es s'est rendu fertile, ce germe d'esprit que tu es commence à croître. Tu deviens réellement, tu deviens celui que tu es, tu deviens ton *essence*. Alors il n'y a plus de contradictions en toi, plus de contradictions entre la nature inférieure et la nature supérieure. Tu es droit et limpide, en toi tout est clair. Tu vis ce que ta pensée a fait sienne.

Cela rejoint toute une série de principes très importants de l'*Enseignement*. Cela rejoint aussi d'autres cours dans lesquels j'ai expliqué ce que signifiait "aimer l'*Enseignement*". On ne peut aimer que les choses auxquelles on accorde de la valeur, et plus on accorde de valeur à l'*Enseignement,* plus on finit par l'aimer. Plus on accorde de la valeur à sa propre *essence*, plus on l'aime. Tout cela fait partie du chemin de la droiture.

L'amour nécessairement force unifiante

La définition de l'amour est un des aspects de la stance : l'amour est nécessairement une force unifiante. Or, quand l'amour ne se manifeste que dans un seul centre, par exemple uniquement dans le centre émotionnel, l'amour perd sa qualité unifiante, il perd son esprit même. De la même façon, s'il n'existe que dans le centre intellectuel, il est fragmenté, donc il perd son esprit et s'il existe seulement dans le centre physique, c'est la même chose. L'amour véritable n'existe qu'à partir du moment où il est présent à la fois dans le centre intellectuel, dans le centre émotionnel et dans le centre physique. On aime émotionnellement ce qu'on a compris intellectuellement, et ensuite on devient capable de l'incarner. A ce moment-là on peut être droit et limpide, tout est clair. S'il y a de l'amour dans un des centres et pas dans les autres, il ne peut pas y avoir de droiture, ni de limpidité, rien n'est clair, rien ne coule. Et il ne peut pas y avoir vraiment de terrain fertile pour que naisse quelque chose de cohérent. Voilà un des aspects de cette stance.

Pour évoluer, choisir des choses élevées et les incarner...

Une fois qu'on a commencé à aimer ce qu'on a compris, ça débouche tout naturellement sur des actions, ou sur son état d'être - quand c'est quelque chose d'élevé évidemment. Mais ce principe est également vrai pour ce qui concerne les choses beaucoup plus triviales. Tout dépend de la qualité des individus. Il faut faire la différence entre ce qui s'incarne de noble et ce qui s'incarne de bas. Celui qui comprend les stupidités et qui les aime, va être un homme d'un niveau d'être inférieur. Celui qui comprend les choses très élevées et qui les aime, montre par là qu'il est d'un niveau d'être supérieur, donc plus ou moins évolué. Des gens préfèrent l'orgueil à l'humilité, d'autres préfèrent la guerre à la paix, ils montrent par là leur niveau d'être. Celui qui veut évoluer, doit apprendre à comprendre ce qui est élevé et il faut prier pour lui pour qu'il puisse l'aimer de façon à ce que son niveau d'être évolue effectivement.

*** Et acquérir soi-même une forme de discipline.***

Toutes les disciplines qu'on applique à cause de la pression extérieure ne serviront à rien, si elles ne servent pas à acquérir de la discipline personnelle. Si, naturellement, on n'a pas de discipline dans les trois centres ou si on n'a pas été conditionné à en avoir depuis l'enfance, il faudra apprendre, petit à petit, à acquérir une discipline de la pensée, une discipline émotionnelle et une discipline physique, tout en sachant que si on a été conditionné depuis l'enfance il faut encore les faire siennes, sinon on reste comme un soldat. Aucun soldat n'est jamais arrivé au bout d'un chemin, seuls les guerriers y sont arrivés. Il y a une grande différence entre un guerrier et un soldat. Un soldat est quelqu'un qui obéit, il fait ce qu'on lui dit de faire. Un guerrier a appris à se battre, il sait se battre et il se bat pour la cause qu'il a choisie. Et la capacité d'évoluer est proportionnelle à la discipline personnelle, à la discipline intérieure qu'on s'est donnée. Plus on a de discipline, plus on sera un jour capable d'évoluer. Moins on en a, moins on évoluera. Heureusement on peut apprendre la discipline.

Je veux t'enseigner
"L'Humilité"

O Fille de la Terre
Je veux t'enseigner
L'Humilité
Car se considérer comme important
Est la plus grande offense
A l'Eternité
Quand tes actions sont bonnes
Oublie-les
Quand elles sont mauvaises
Répare-les
Sois comme la lune
Le reflet du soleil
Et accepte comme elle
D'être croissant insignifiant
D'un même cœur
Que pleine et reine de la nuit

L'orgueil étant l'un des traits forts du caractère de tout être humain, personne n'a l'humilité. Des gens qui n'ont pas l'humilité, on dit qu'ils sont polythéistes, c'est-à-dire qu'ils adorent beaucoup de dieux. Ils s'adorent eux-mêmes et, souvent, ils font passer leur propre ego avant leurs dieux. Le *Chemin* consiste, du moins pour ceux qui l'abordent de façon religieuse, à devenir monothéiste, à reconnaître Dieu pour ce qu'il est : au dessus de tout le reste.

L'humilité est l'une des grandes qualités, même si vous croyez la posséder, cultivez-la. Pour ceux qui se savent orgueilleux, le travail est relativement facile. Mais il y a tous ceux qui croient ne pas l'être, et pour qui le premier travail est la recherche de tous les lieux où se situe leur orgueil. Cette volonté de recherche est essentielle.

L'orgueil se cache derrière tout. Par exemple, parfois quand vous avez une exigence, vous vous prenez pour important. A la rigueur, qu'on ait une exigence et qu'on la reconnaisse, mais qu'ensuite, on y greffe de la considération intérieure, signifie chaque fois qu'on se considère comme plus important que le *Chemin* lui-même. Les soufis disent que celui qui a des exigences est un véritable païen car alors il se considère comme plus important que Dieu. Être malheureux à cause d'une exigence, c'est tout simplement oublier de penser à Dieu, c'est oublier que Dieu est plus important que l'exigence, et il n'y a donc aucune raison d'être triste ou malheureux à cause d'elle. C'est adorer le veau d'or, c'est donner à quelque chose plus d'importance qu'à la louange de Dieu. C'est chaque fois un blasphème, chaque fois le reniement de Dieu.

Reconnaître nos limites face à l'Absolu

Le constat est que personne n'a l'humilité, il faut donc la cultiver et s'exercer à entrer dans l'humilité. Pour les soufis, le *Chemin* est avant tout - et même exclusivement - le chemin de l'humilité, pour les Pères du désert également, ainsi que pour les moines zen. L'humilité est en fait la simple reconnaissance de nos limites par rapport à l'Absolu. Ce constat fait, il suffit que je mette mon comportement, mes pensées et mes sentiments en concordance. Or, mon ego ne le veut pas, il veut être Dieu, il veut être le meilleur, le plus beau, le plus intelligent... Le travail consiste à constamment se rappeler ce constat et se mettre à son diapason, en sachant que, pendant longtemps, l'ego s'y opposera. Et même s'il y arrive, il se dit : "Ah ! là j'ai réussi à être humble, je ne suis pas mal quand même..."

Apparemment, la chose semble impossible, et pourtant la pratique conduit à cet état. Mais sans remarquer où vous êtes orgueilleux, dans votre comportement extérieur, dans votre comportement intellectuel ou émotionnel, vous ne pourrez rien faire. C'est donc là le comportement essentiel.

"Quand tes actions sont bonnes, oublie-les, quand elles sont mauvaises, répare-les"

Lorsqu'on n'oublie pas ses bonnes actions, ses belles actions, ses grandes actions, elles nourrissent l'orgueil. Donc dès que quelque chose de beau, de grand, de bon a été accompli, on passe à autre chose.

Il y a l'autre attitude de l'humilité. Lorsqu'on a fait quelque chose de mauvais - ce peut être une simple erreur - la seule attitude possible c'est réparer, sans pleurer, sans se cacher, sans le cacher, réparer. La réparation implique l'acceptation de l'erreur ou même du mal fait. Suit alors la volonté de réparation. Sur le *Chemin,* on commet encore beaucoup d'erreurs, on fait encore du mal, mais au moins on a l'attitude juste : on décide de réparer. Et il n'est nul besoin de se sentir coupable. On prend conscience de l'erreur ou du mal et on répare. On ne raisonne plus selon les anciens modèles de culpabilisation, il ne s'agit plus de prendre le poids du monde sur ses épaules parce qu'on a mal fait, non, on sait qu'il n'y a plus qu'une seule chose à faire : réparer. De plus, un peu de bon sens nous dit que si on ne le fait pas soi-même le karma va nous le rendre. Alors autant liquider les choses au plus vite. Cette façon de procéder est une attitude qui prend toute sa source dans l'humilité.

Une histoire de Maître de Faria :
Un roi qui veut apprendre l'humilité

Dans la 4eVoie, on considère une seule chose comme importante : l'Eternité. Dans le soufisme, même le calife est humble. A ce sujet, on raconte l'histoire suivante.

Il y a très longtemps de cela un roi s'était rendu auprès de Maître de Faria. Il désirait devenir son élève et le servir humblement et pour cela il allait quitter la vie qui avait été la sienne jusque-là. Maître de Faria lui demanda : "Sais-tu que pour un roi la qualité la plus importante à acquérir est l'humilité ? " Le roi n'en fut pas surpris car il n'ignorait pas que cette qualité manquait le plus à ceux qui gouvernent. Maître de Faria l'accepta comme élève et le roi abandonna son pouvoir, son trône, ses richesses pour se mettre au service de l'Enseignement qu'il avait choisi.

Dès le premier jour Maître de Faria lui confia le travail qui serait dorénavant le sien et pour longtemps. L'ancien roi eut pour tâche de vider les ordures, partout, des cuisines aux toilettes ! Les autres élèves le voyaient constamment éclaboussé de tout, traînant sans arrêt des seaux remplis de déchets. Au bout de quelque temps tout le monde sut dans l'école qu'il était un roi et de ce fait certains élèves allèrent trouver Maître de Faria : "Nous avons compris que vous lui enseignez l'humilité. N'est-ce pas déjà acquis puisqu'il a accepté de faire le travail le plus sale de la maison et qu'il s'en acquitte bien tous les jours. Il fait vraiment pitié à voir !" Maître de Faria répondait invariablement : "Il faut qu'il apprenne l'humilité !"

L'ancien roi continua donc son humble Travail *et avec le temps, il était devenu rare de le voir s'éclabousser encore. Un jour, un élève avancé venant voir Maître de Faria lui dit : "Maître, je crois qu'il a compris l'humilité". Le Maître lui fit cette réponse : "Je ne sais pas s'il a compris l'humilité, mais je crois qu'il n'est pas vraiment prêt pour l'initiation et sans humilité c'est impossible. Mets-le à l'épreuve ! Tu viendras me dire s'il est véritablement humble". L'élève choisit un moment favorable pour emboîter le pas à l'ancien roi portant des seaux débordant d'ordures et, faisant semblant de trébucher il les renversa. Aussitôt celui-ci se mit en colère et lui rappela qu'ici cela ne portait pas à conséquence mais s'il avait encore été roi, les conséquences auraient été désastreuses pour lui ! Devant tous les élèves réunis et parmi eux l'ancien roi, l'élève rapporta l'anecdote à Maître de Faria qui ajouta : "Comprenez-vous maintenant ? Il accomplit des tâches humbles mais intérieurement il est toujours le même".*

Des mois passèrent et il faisait toujours autant peine à voir, ce roi si noble portant des seaux d'ordures ! Le même élève revint voir Maître de Faria pour lui dire : "Je crois qu'il a compris maintenant". Maître de Faria demanda une fois de plus de le mettre à l'épreuve. Un autre élève se chargea de le bousculer. Il renversa les ordures sur le sol et sur les habits de l'ancien roi qui, à force d'efforts, avait réussi à porter des vêtements toujours sans la moindre tache. Comme le roi avait appris entre-temps à rester silencieux il ne dit mot mais jeta un regard noir au maladroit. Rapporté à Maître de Faria, celui-ci expliqua que l'ancien roi n'avait pas encore l'humilité, que l'humilité était une qualité que l'on acquiert progressivement, d'abord en faisant des tâches humbles, ensuite en n'exprimant plus ni orgueil ni vanité et enfin en manifestant l'humilité dans les attitudes physiques et même dans l'expression du visage.

On laissa l'ancien roi à son humble tâche jusqu'au jour où Maître de Faria décida de lui envoyer un autre élève. Lorsque les ordures se répandirent sur le sol on vit le roi les ramasser simplement, sans aucun geste d'impatience, sans aucune parole, sans un seul regard. Toute son attitude, tous ses gestes étaient au service de ce qui avait été souillé. On pourrait également appeler cela faire ce qu'il y a à faire, sans aucune autre forme de réaction. L'ancien roi avait appris l'humilité.

" Car se considérer comme important est la plus grande offense à l'Eternité".

Comme toute chose, l'humilité s'apprend par étapes. Lorsque l'on comprend quelque chose de grand ou de beau, on ne peut imaginer un instant le posséder déjà. Il va falloir des mois et des années de pratique et de mises à l'épreuve pour voir où on en est réellement de la qualité que l'on a décidée de développer. Sans mises à l'épreuve on ne sait jamais.

Aucune position sociale, religieuse ou professionnelle, ne peut être raison de s'enorgueillir. Le soufi sait que tout est donné, que si nous nous trouvons dans une situation favorable, c'est que quelqu'un nous permet d'y être, en fait parce que Dieu et le monde nous le permettent, et que nous y sommes pour rien. Mais nous croyons généralement que le mérite nous en revient, que c'est dû à nos grandes qualités, nos grandes connaissances. C'est là le crime d'orgueil.

L'orgueil est un mensonge face au monde

Et l'*Enseignement* dit : Non, ce n'est pas vous, quelque chose s'est réalisé à travers vous. Nos parents peut-être, nos grands-parents, nos arrière-grands-parents, le pays dans lequel nous avons été élevés, l'éducation que nous avons reçue et toutes les influences spirituelles dont nous avons bénéficié, tout cela nous a permis de réaliser ce que nous réalisons. Nos réalisations sont le produit de ce qui nous a réalisé. Il n'y a jamais aucune raison d'orgueil. L'orgueil, à l'opposé de l'humilité, est toujours une illusion, toujours un mensonge face au monde.

Croissant insignifiant ou reine de la nuit

"Sois comme la lune le reflet du soleil et accepte comme elle d'être croissant insignifiant d'un même cœur que pleine et reine de la nuit." La lune ne peut pas être le soleil, elle ne peut en être que le reflet. Vous ne pouvez pas être autre chose que ce que vous êtes. Mais il faut déjà prendre sa place. Et dans ce que vous êtes, vous pouvez passer par toutes les phases, de la plus humble à la plus élevée. Le soleil représente le niveau supérieur et vous êtes à un autre niveau. Mais au niveau où vous êtes, vous pouvez atteindre une plénitude et finir un jour par totalement refléter le niveau supérieur. Et une fois que cette phase est passée, une autre commence.

Et cette stance suggère autre chose encore : face à l'adversité ou face au succès, l'état intérieur doit rester le même. L'humilité véritable est celle qui à certains moments peut être le serviteur le plus humble et qui, à d'autres moments, peut entrer dans le rôle de la reine de la nuit. N'être qu'un croissant insignifiant ou cette lune pleine qui éclaire la nuit, c'est la même chose, tout n'est qu'un habit qu'on revêt, un rôle qu'on joue. Et il suffit de si peu de chose pour passer d'un rôle à l'autre, ne serait-ce que dans la vie humaine, le plus grand des rois, lorsqu'il tombe malade, ressemble tout juste encore à un croissant insignifiant. Rappelez-vous le poème de Kipling : *"Si tu peux supporter triomphe après défaite et recevoir ces deux menteurs d'un même front"* : *Victoire et défaite d'un même cœur,* c'est l'état intérieur qui reste droit.

La confiance dans le supérieur conduit à l'humilité

L'humilité naît nécessairement de la confiance. Mais peut-être la pratique de l'humilité conduit-elle à la confiance et les deux vont de pair. Lorsque l'un des processus est engagé cela permet peut-être à l'autre de se manifester de plus en plus, puisque pratiquer l'humilité est une affirmation de fait qu'il existe quelque chose de supérieur, que l'on ait la foi ou pas.

✧

Le Coran commence par la sourate :

Louange à Dieu, le Maître des Mondes,
Le clément, le miséricordieux
Roi du jour du jugement
C'est Toi que nous adorons
Et c'est en Toi que nous cherchons le secours
Garde-nous sur la Voie droite
Sur la Voie de ceux qui ont reçu Ta grâce
Non de ceux sur qui est Ta colère
ni de ceux qui errent.

Dans l'ouverture du livret des stances, j'écris : *"Je remercie tous ceux qui ont aidé à la réalisation de ce recueil"*. Nous le réalisons chaque fois que nous parlons de son contenu, chaque fois que nous le chantons.

"Je rends grâce à Dieu pour toutes les richesses qu'Il nous a révélées". Le but : *"Afin de nous guider vers lui"*. Tout n'a de sens que dans cette perspective, tout ce qui nous est donné est donné pour ce retour.

"Ce Travail de transcription a été le mien". Ce qui signifie que je ne peux donner que ce que j'ai reçu. J'ai reçu quelque chose et je le donne. Si on ne m'avait pas donné, je n'aurais rien. C'est ce que nous disions à propos de l'orgueil. L'orgueilleux s'imagine que ce qu'il a est son propre mérite, alors qu'il a tout reçu. *"Ce Travail de transcription a été le mien, que le profit en soit aux lecteurs attentifs"* - c'est-à-dire ceux qui non seulement lisent ou chantent, mais comprennent -, *"et à Dieu seul la gloire"*.

Parfois il est important de lire les préfaces ; on ne peut comprendre certains livres que si on en connaît l'esprit, la cause et le but ou tout ce qui précède le livre proprement dit.

Je veux t'enseigner "La Loyauté"

> O Fils de la Terre
> Je veux t'enseigner
> La Loyauté
> Elle est fille du Soleil
> Qui n'oublie jamais de se lever
> Et comme lui
> Elle est chaleur toujours renouvelée
> Elle est la grande vertu
> Des fils de l'Éternité

Dans un premier temps, la stance nous dit que la loyauté est *"fille du Soleil"*, ce qui signifie nécessairement qu'elle appartient à un niveau supérieur, et ne sont capables de loyauté que ceux qui sont d'un niveau supérieur. De tous les autres, tant qu'ils restent à un niveau ordinaire, à un niveau terrestre, on ne peut attendre la loyauté.

"Elle est fille du soleil qui n'oublie jamais de se lever" Fidélité du cœur et de la pensée claire

La loyauté est caractérisée par la permanence renouvelée. Elle est une pensée, une émotion, un acte qui sont toujours renouvelés. Tous les jours, elle est nouvelle, et elle est fidèle malgré le changement continuel qui a cette trame de la fidélité, de la fidélité au jour qui se lève, à la lumière, à la Connaissance, à la compréhension de la Vérité. Et ensuite, la loyauté s'exprime d'une autre manière encore, par la fidélité du cœur. C'est pour cela que la stance dit : *"Elle est fille du Soleil qui n'oublie jamais de se lever et comme lui elle est chaleur toujours renouvelée."*

C'est d'abord la fidélité de la pensée claire, de la compréhension de la vérité et ensuite c'est la fidélité de l'amour. La vraie loyauté appartenant au niveau supérieur se manifeste nécessairement sur les deux plans, celui de l'esprit et celui du cœur. Et il manque un plan, le plan que j'appelais tout à l'heure ordinaire, le plan de l'incarnation.

"Elle est la grande vertu des fils de l'Eternité"

Elle n'est pas la vertu de ceux qui passent simplement sur terre, de ceux qui ne sont qu'en incarnation passagère. Elle est la grande vertu de ceux qui s'incarnent et se réincarnent et qui appartiennent à un autre monde. Elle est la grande vertu des fils de l'Eternité, de ceux décrits déjà au départ. Ils sont comme le soleil, ils sont du niveau supérieur, donc leurs actes sont inscrits, non pas pour un moment, pour un passage terrestre, mais ils sont inscrits pour l'Eternité, ils sont inscrits dans un devenir, pendant longtemps, toujours renouvelés, comme le soleil ! C'est de réincarnation et même parfois de récurrence, dont nous parlons ici. Les actes des *"fils de l'Eternité"* ont une autre dimension que les actes ordinaires. Voilà la première signification de cette stance : fidélité des pensées, fidélité du cœur et fidélité de l'action renouvelée. C'est cela la loyauté.

La loyauté au service du "Grand Œuvre"...

Dans cette stance, comme dans les autres, cette qualité est indiquée comme un but à atteindre, pas comme une réalité existante, parce que la pensée nécessite d'être travaillée, donc d'être clarifiée. Le cœur nécessite d'être travaillé, donc purifié, et l'action nécessite également un Travail. Elle est Travail, elle est œuvre, mais œuvre au service de quelque chose de grand.

La loyauté se montre, se démontre, se manifeste, aussi bien dans le *Grand Œuvre* que dans les petits travaux. Elle n'est pas un principe théorique et très lointain. La perfection est lointaine, mais le principe s'applique immédiatement dans le détail des travaux au service du *Grand Œuvre,* aussi bien intérieur qu'extérieur. Et cela correspond donc à une des qualités dont nous parlons souvent, qu'il est absolument nécessaire de travailler pour tout le monde.

Une qualité bien au-delà de la responsabilité : la fiabilité

Ce n'est pas une stance de l'humilité, mais une stance de la grandeur liée à la responsabilité et qui va au-delà de la responsabilité. Elle est surtout liée à la fiabilité. Qu'est-ce qui est plus fiable que le soleil qu'on prend ici comme témoin, comme exemple et comme père de la loyauté ? Le soleil qui se lève tous les jours, voilà quelqu'un qui est fiable, c'est la fiabilité avant tout. Une manière de travailler la loyauté c'est de se rendre de plus en plus responsable, de plus en plus fiable. Il s'agit bien de nouveau d'un vrai Travail, et pas seulement d'un état émotionnel, d'une forme d'attachement émotionnel qui existe facilement.

Il y a des gens qui ont les bases de la loyauté intellectuelle, d'autres qui ont les bases de la loyauté émotionnelle, d'autres encore les bases de la loyauté physique, c'est bien comme point de départ. Mais la loyauté, quelle qu'elle soit à ce niveau-là, dans les trois domaines, se développe en travaillant la fiabilité. Il est évident qu'on ne peut pas travailler la fiabilité sans avoir pris des responsabilités. Responsabilité et fiabilité sont liées, une des qualités de la responsabilité étant la fiabilité. Ce sont donc deux choses qui sont très proches l'une de l'autre, mais on ne peut pas travailler l'une sans l'autre. Sans prise de responsabilité on ne peut pas travailler la fiabilité, donc l'une découle de l'autre.

Comme dans tout Travail, dès qu'on commence à prendre des responsabilités, on commence à être confronté aux limites de sa fiabilité. C'est à cet endroit que le vrai Travail commence. Avant il n'y a pas de Travail, mais seulement une prise de responsabilité. Il y a un Travail ordinaire, naturel, qu'on fait puisqu'on a pris cette responsabilité. On commence à faire le Travail, on commence à remplir une fonction. Mais le vrai Travail, au sens plus élevé du terme, ne commence qu'à partir du moment où on est confronté à ses limites. Et là, on entre dans la phase de la fiabilité active et du vrai Travail. La plupart du temps, c'est à ce moment-là, alors que tout commence, que les gens abandonnent.

Tout le reste avant, c'est ce qu'ils sont. A partir de ce point du Travail, commence à se manifester ce qu'ils vont faire d'eux-mêmes, ce qu'ils peuvent devenir.

Je veux t'enseigner
"L'Attention à tes frères"

O Fils de la Terre
Je veux t'enseigner
L'attention à tes frères
Sois comme le ciel
Qui donne sa pluie
Quand la terre est sèche
Qui donne son soleil
Pour que les fruits mûrissent
Apprends à donner
Devant les mains et le cœur vides
Et toi aussi
Prépare-toi à recevoir
Devant le besoin de donner

Le Chant de l'Eternité ne s'adresse que secondairement à tous les *frères humains,* donc à tous les êtres humains. Lorsqu'elle dit : *"Je veux t'enseigner l'attention à tes frères"* cette stance s'adresse en premier aux frères qui sont en chemin. Elle définit les autres comme une terre sèche, comme des mains et des cœurs vides. A ceux-là, il faut apporter quelque chose qui les fasse mûrir. Ce sont les images qu'utilise la stance.

Que voulez-vous donner à quelqu'un qui a déjà le cœur plein, à quelqu'un qui a les mains pleines ou fermées. Il n'est pas utile d'ajouter de l'eau à une terre qui n'est pas prête à la recevoir. L'état idéal, c'est l'état d'attente comme celui de la terre sèche qui attend l'eau. La stance définit ce que chacun en soi doit être pour l'autre : une force qui permet à l'autre de mûrir, une force qui apporte de l'eau à la terre qui est sèche, une force qui anime le cœur et une force d'action qui met quelque chose dans les mains. Voilà ce que les individus deviennent petit à petit lorsqu'ils sont membres d'un groupe qui est réellement dans le Travail. Pour les autres et pour eux-mêmes, ils deviennent ce que décrit la stance parce qu'un homme seul ne peut rien.

Donner de l'attention aux autres
Rechercher dans l'autre le bien, le devenir

Mais tout doit commencer à un endroit bien précis : *"l'attention à tes frères"*. En dehors du Travail très spécifique sur soi - le Travail de méditation sous forme diverses et d'autres pratiques -, il faut arrêter d'être centré sur soi, arrêter de vouloir le bien que pour soi mais le vouloir aussi pour l'autre. L'attention aux autres est un Travail sur la volonté. On arrive à l'équilibre de *"donner et recevoir"* qui passe nécessairement par le Travail sur un type d'attention bien particulier, puisqu'il existe une attention qui est l'attention critique, en particulier l'attention de critique négative. Dans ce genre de critique on voit constamment ce qu'il y a de mal en l'autre. Ceci est à considérer du point de vue de l'*Enseignement*, et de tous les *Enseignement*s spirituels.

Rechercher en l'autre le devenir caché par des voiles

Un de mes maîtres jésuite disait : le seul péché qui ne peut pas être pardonné est le péché contre l'esprit. L'*Enseignement* dit la même chose. Or, une des formes du péché contre l'esprit est de rechercher le mal dans les autres, alors que le Travail, lui, consiste à rechercher le bien dans l'autre, malgré ses faiblesses, malgré ses errements, malgré ses défauts. Une pensée de vie dit : *"J'aime l'humanité non pas lorsque je vois ce qu'elle est, mais lorsque je perçois ce qu'elle peut devenir"*. Ce devenir existe en tout être humain, il est déjà au fond de lui, caché par tant d'autres choses, par tant de voiles.

Il faut y être très attentif à cette recherche du mal en l'autre, car ce péché contre l'esprit nous pourrit entièrement. Notre attention aux autres nous montre leurs faiblesses, mais dans un état d'esprit qui n'est pas celui du péché contre l'esprit mais celui de la volonté de travailler dans le sens de l'esprit. On recherche dans l'autre le bien, le devenir. Dans l'Evangile des chrétiens, il existe un mot de Jésus : *"Celui qui dit du mal contre moi sera pardonné. Par contre celui qui dit du mal contre l'esprit, à celui-là, on ne pardonnera pas"*. Le jugement qu'on portait sur lui avait peu d'importance. Dans ce qu'il disait, il devait mettre l'accent essentiellement sur la Vérité.

Le péché contre l'esprit, c'est tuer une partie en soi

En réalité, celui qui dit du mal contre l'esprit se renie lui-même, il se détruit lui-même. Voilà ce que signifie le péché contre l'esprit : dire du mal des autres, critiquer les autres, c'est tuer une partie en soi, c'est se déstructurer soi-même, c'est déjà une façon de se détruire soi-même. C'est la raison pour laquelle dans notre *Enseignement* on insiste tellement sur un de ses principes : "On ne parle pas des autres, surtout en mal..." Dire du mal des autres, c'est dire du mal du *Chemin* lui-même, c'est dire du mal des *Enseignements* spirituels, c'est pécher contre l'esprit, contre l'esprit qui fait évoluer les choses, qui est la seule source d'énergie à partir de laquelle les êtres humains peuvent évoluer. Et parler contre le *Chemin* c'est se détruire soi-même, c'est s'enlever soi-même la source du progrès possible. Lorsqu'on parle contre le *Chemin*, il ne reste plus qu'une chose à faire : essayer de compenser au plus vite en cherchant à faire du bien, en se souvenant qu'on fait ce bien pour compenser quelque chose. Cette compensation est heureusement possible.

Jésus dit ce que disent tous les maîtres. Ils sont la plupart du temps dénigrés, cela a très peu d'importance. Par contre, dire du mal de l'esprit, de l'esprit des choses, de l'esprit de l'*Enseignement*, est grave. Ces *Enseignement*s portent la Vérité, leur source est la Vérité, et nier la Vérité, c'est nier une partie de soi, c'est détruire quelque chose de vrai en soi. C'est ainsi qu'il faut percevoir la gravité des choses. Par contre dire du mal de Jésus ou de n'importe quel Instructeur a si peu d'importance. En général, quand les gens disent du mal d'un Instructeur, ils s'adressent en réalité à un de leurs propres problèmes, ils projettent quelque chose qu'ils portent en eux, un mal qu'ils portent en eux sur cet Instructeur ou sur ce maître. Donc cela a très peu d'importance.

La seule façon de compenser le mal : faire le bien

Dire du mal d'une personne, c'est ne pas se situer dans le Travail mais continuer sur le chemin ordinaire. Il faudra compenser pour rétablir un équilibre. Mais la réparation totale nécessitera encore d'autres sacrifices qui souvent ne viendront pas par votre propre volonté. C'est ce que vous avez inscrit dans la terre et la terre vous le rendra. Mais vous pouvez faire votre part de Travail : vous rendre compte du mal que vous avez fait et décider de le compenser. La seule façon de compenser, ce n'est pas de se sentir coupable, ce n'est pas de se mortifier, ce n'est pas d'entrer dans un quelconque ascétisme. La seule façon de compenser le mal, c'est de faire du bien. Et le bien, on ne peut le faire que correctement, on ne peut même pas le faire en excès, car celui qui le fait en excès est un fou.

Faire le bien en excès, c'est faire du mal. Par exemple, tous ceux qui ont un fort sentiment de culpabilité, pour compenser vont en faire trop, tout simplement parce que leur moteur est le sentiment de culpabilité et non la volonté de réparer. Le sentiment de culpabilité n'est pas un bien mais un autre mal en eux. Agir à travers la compréhension - par exemple, "dire du mal des autres" est vraiment destructeur - vous permet de faire du bien à partir de l'état d'esprit juste et la volonté de réparer.

Une des grandes lois de l'évolution : donner et recevoir

Tout ce qui existe est dans la situation continuelle de donner. Ceci est une des grandes lois de l'évolution. Cela commence par Dieu ou par les dieux dont la nature même est le don, c'est-à-dire la créativité. Tout homme, toute chose se trouvent dans cette situation de donner continuellement. Seulement la plupart des choses et la plupart des hommes sont dans cette situation de donner inconsciemment, ils ne savent pas que cette loi est en train d'agir à travers eux.

Donner à la manière des dieux :
spirituellement, sans rien attendre en retour

Ainsi, les êtres humains qui font partie de la vie organique se donnent continuellement en servant de nourriture à l'évolution et ils disparaissent dans ce don. Mais il est possible à l'être humain de devenir comme les dieux : donner consciemment et survivre à leur don. Les dieux sont capables de donner de leur substance et pourtant ils continuent à exister parce qu'au niveau supérieur, "*donner c'est recevoir*". Les dieux peuvent donner et continuer à exister, tandis que toutes les autres créatures, lorsqu'elles donnent, n'existent plus, disparaissent dans leur don, elles sont mangées. L'être humain, lui, a cette possibilité unique d'être comme les dieux, à une condition : qu'il commence à donner consciemment et de manière juste.

Regardez comme toute chose dans l'Univers est un don perpétuel à autre chose ! C'est ce qui se passe dans l'interrelation de tous les êtres, dans le maintien réciproque des différentes classes d'essences. Seulement la plupart se donnent et sont donnés de façon inconsciente et automatique. Lorsque vous commencez à être capable de donner de vous-même consciemment, de donner tout simplement dans le domaine matériel, dans le domaine émotionnel ou dans le domaine intellectuel, vous donnez à la manière des dieux : spirituellement. Lorsqu'on donne spirituellement on reçoit, la substance spirituelle en soi-même se multiplie. Donner à ce niveau-là, c'est nécessairement recevoir. Tandis que lorsque vous donnez pour recevoir, vous perdez tout, parce que vous donnez à un niveau qui est encore inférieur à celui de la nature. La nature est caractérisée par le fait qu'elle se donne, qu'elle donne sans rien attendre en retour. Le fruit se donne, il est mangé, il disparaît à jamais. Toute la nature évolue de cette façon, elle donne sans rien attendre en retour, elle disparaît et se transforme. Les dieux donnent aussi sans rien attendre en retour, mais comme ils donnent à un niveau conscient et à un niveau supérieur, ils reçoivent. L'être humain est situé entre les deux, il peut choisir. Donner sans rien attendre en retour le conduira à donner consciemment et à s'élever d'un niveau. Donner en attendant un retour, c'est s'abaisser sous le niveau de la nature elle-même.

Trouvez votre plaisir dans l'acte de donner

Vous pouvez d'ailleurs constater dans votre vie de façon très pragmatique que souvent les choses se passent de cette façon. Lorsque vous donnez à quelqu'un et que vous attendez quelque chose en retour, souvent rien ne vient, et vous en souffrez. Vous avez payé deux fois, non seulement vous avez donné, mais ensuite vous souffrez encore de votre façon de donner. Tout pour rien : vous donnez en dessous de la façon de donner de la nature elle-même.

Dans ce domaine-là, comme dans beaucoup d'autres, il suffit de regarder comment les choses se passent dans la nature et dans votre vie, et vous avez déjà deux pôles. En général, dans la nature vous avez un pôle neutre, inconscient et neutre. Dans votre vie, vous avez un pôle qui, en général, est négatif, en dessous de la nature, ce qui est la cause de tant de souffrances. Il faut chercher l'autre pôle, celui qui est au-dessus de la nature, celui qu'indique le *Chemin*. Vous pouvez faire certains exercices : trouver déjà le plaisir à donner et de vous satisfaire de ce plaisir d'avoir donné. Donner effectivement, c'est savoir faire quelque chose pour les autres. Trouvez votre plaisir dans l'acte que vous faites et que ça s'arrête là, n'attendez jamais rien. Au moment où vous faites l'acte, qu'il soit le plus complet possible et oubliez tout.

D'autres stances répondent à ce principe : *"Oublie tout le bien que tu as fais aux hommes... rien n'existe en toi qui puisse être blessé"*, car ce qui est blessé n'est pas ce qui en toi existe réellement, ce n'est pas ton *essence*. Ce qui peut être blessé en toi, c'est toujours ta fausse personnalité : une illusion, l'image de toi. Tu n'as jamais besoin d'aucune excuse. Tu oublies le bien que tu fais, car tu sais que le seul fait de faire le bien structure ton *essence*. Tu t'es rendu meilleur toi-même, tu as déjà ta récompense. Alors pourquoi vouloir un autre paiement ?

Tous ceux qui veulent un autre paiement du bien qu'ils font l'auront, mais une partie du bien qu'ils se sont fait à eux-mêmes, c'est-à-dire la façon dont ils se sont structurés eux-mêmes, va leur être arrachée à nouveau, parce qu'ils ont le paiement de leur fausse personnalité et de leur ego. A ce moment-là, il ne reste plus rien ou ce qu'il y avait est enlevé à l'*essence*. Deux paiements, c'est toujours un de trop.

Ne rien attendre en retour permet de vivre aussi très facilement ce qui nous arrive de négatif dans la vie. Le négatif passé, on l'oublie, on ne s'en plaint plus, on n'a pas de rancune, on n'en souffre pas encore trois jours après. Au moment où ce négatif arrive - c'est la vie - c'est un mauvais moment à passer, et le lendemain tout est différent.

Il n'y a là rien de triste ou d'austère, au contraire, c'est la vie qui devient de plus en plus belle, aussi bien intérieurement dans un premier temps et petit à petit même extérieurement. Nul besoin d'imaginer pour voir les résultats. Dès que vous commencez à agir ainsi, les mêmes conséquences se produisent. Le chemin dont nous parlons n'est pas un chemin de croyances. On applique et on voit rapidement les résultats. Il ne faut pas chercher les résultats, mais tout simplement appliquer vraiment après avoir compris. Il n'est même pas nécessaire d'y mettre le cœur car celui-ci s'y met naturellement dès qu'on applique vraiment ce qu'on a compris. Le cœur a son intelligence, il se rend compte que c'est ce qu'il y a de mieux à faire et il commence à aimer ce qui est fait.

Je veux t'enseigner
"Le Pardon"

O Fils de la Terre
Je veux t'enseigner
Le Pardon
Car il libère des chaînes du passé
Il est le pont
Entre le temps
Qui s'écoule vers la mort
Et l'Immortalité
Au pardon de l'homme répond
Comme en écho
Le pardon de l'Eternité

"Je veux t'enseigner le pardon"

Pardonner, c'est être prêt à pardonner l'erreur, constamment. Cela signifie constater l'erreur sans même l'enregistrer. Enregistrer signifie mettre sur une bande et cela conduit évidemment à la rancœur, à la rancune. Etre toujours dans cet état d'esprit où l'on accepte l'erreur de l'autre, la faute de l'autre, tout le temps. Si c'est possible, on la corrige avec lui tout de suite ou un peu plus tard, sinon on assume son erreur. C'est cela l'état d'esprit du pardon. Et cette attitude n'est pas au bout du *Chemin,* mais tout de suite. Votre comportement peut être celui-là, mais cela ne signifie nullement qu'en vous il n'y a plus de réaction.

Il s'agit de pardonner chaque fois que quelqu'un vous blesse. Rappelez-vous, dans les écrits des chrétiens, un apôtre demande à Jésus-Christ, combien de fois faut-il pardonner : "Une fois ?". Jésus-Christ répond : "Non, plus !" - "7 fois ?" - "Non, plus !" –

111

7 x 7 fois ?"... "77 fois ?" Alors Jésus qui en a assez de calculer ou qui ne sait pas calculer au-delà, répond : "Non... 7 x 77 fois". Ce qui signifie : quelque soit le mal qu'on te fasse, pardonne toujours. C'est le seul chemin possible. De plus, il ne s'agit pas seulement d'un simple pardon - on finit toujours par pardonner -, mais d'un pardon immédiat. Face à l'acte de l'autre, il faut être dans l'état de pardon, c'est-à-dire se situer à partir de l'*essence* et non dans une âme inférieure.

Le pardon vis à vis de soi-même est essentiel

Vous avez même le droit de vous l'appliquer à vous-même. *"Sois prêt à te pardonner cent fois"*. Vous n'avez pas besoin d'attendre d'être parfait ou réalisé, pour commencer à avoir un comportement juste. Vous pouvez commencer tout de suite. Si vous ne vous pardonnez pas, si vous vous accrochez à tout ce que vous avez fait, le bien comme le mal, vous restez prisonnier de votre personnalité et de votre fausse personnalité. Quand vous entrez dans le véritable oubli des choses qui est le véritable pardon, vous entrez dans votre *essence*, c'est-à-dire dans une autre dimension, celle de l'Eternité.

Le pardon vis-à-vis de soi-même est essentiel, et il doit être renouvelé à chaque instant ou presque. On ne peut pas devenir quelqu'un de neuf si on reste accroché à ce qu'on a été. La seule chose qui compte, c'est ce que vous êtes maintenant et ce que vous allez devenir. Vous pouvez avoir été le pire des hommes, la pire des femmes il y a une heure encore, si vous entrez dans le pardon, vous traversez ce pont qui mène de l'attachement au passé, de la sclérose et de la mort, à la vie. C'est possible pour chacun de vous et à chaque instant. Chaque fois que vous faites ce qu'il ne faudrait pas faire, que ce soit en actes, en émotions ou en pensées, l'instant d'après, vous pouvez changer, vous pouvez décider d'autre chose. Liquidez le passé, tout le temps. Hier, vous n'avez pas bien fait ?... C'est passé ! Aujourd'hui quelque chose est possible. A condition de franchir le pont.

Dire "oui" à tout ce qui se présente

Tout cela est possible à condition d'être dans l'état d'esprit juste, si au moins intellectuellement vous êtes convaincu, car c'est là que se situe votre part du Travail : avoir compris la stupidité du jugement puisque le pardon est lié au jugement. Il s'agit là d'une attitude nécessaire devant la vie, la seule possible qui ne soit pas liée à l'ignorance, à l'incompréhension. C'est l'attitude d'acceptation, celle qui dit "oui" à tout ce qui se présente car c'est la réalité que vous avez devant vous. Après cette acceptation, dans un deuxième temps, il est possible de changer quelque chose si c'est nécessaire.

Si vous comprenez intellectuellement qu'il y a des choses du passé que vous ne pouvez plus changer et que la seule solution est de dire "oui", alors, une force se met en place qui va transformer ce qui reste en vous de rancœur, de jugement dans le domaine émotionnel. Vous avez si peu d'influence sur l'émotionnel. Par contre si vous réussissez à bien comprendre intellectuellement vous vous mettez dans une situation juste par rapport à une situation du passé. Ainsi, le vrai pardon, qui est de nature émotionnelle, se mettra en place tout naturellement avec le temps car vous avez besoin de temps.

Quand vous maîtriserez votre émotionnel, le temps n'existera plus. Dès qu'une rancœur montera en vous, vous pourrez, grâce à la maîtrise de votre émotionnel, faire passer immédiatement ce que vous comprenez réellement de la situation, au niveau émotionnel et vous pardonnerez de suite. Pour cela, il faut que vous disiez "oui" à tout, aussi bien à ce qui est extérieur qu'à ce qui est intérieur. Vous devez dire "oui" même aux émotions négatives, sinon vous les refoulez. "Oui, elle est en moi, je suis cela maintenant" et dans un deuxième temps posez-vous la question : "Qu'est ce que je peux changer à cela, car ce n'est pas cela que je veux ?" Sauf si cela fait partie de ce que vous voulez encore, auquel cas laissez-lui libre cours. Il en va de même vis-à-vis du monde extérieur.

"Le pardon libère des chaînes du passé"

Vous pouvez soit rester sur la berge du *"temps qui s'écoule et va vers la mort",* ou bien vous passez sur ce pont, dont on dit que c'est le pardon, et il vous conduit vers l'Immortalité, en fait à votre nature supérieure. Le pardon vous permet de ne pas rester accroché à ce qui est inférieur et à ce qui est derrière vous.

Certains pensent que nous ne pouvons pardonner aux autres qu'à partir du moment où nous sommes capables de nous pardonner à nous-mêmes. C'est là une fausse théorie intellectuelle du style : on ne peut aimer les autres que si on s'aime soi-même. Ce sont des stupidités ! Il y a un tas de choses fausses dans toutes ces théories. On peut commencer tout de suite à travers son comportement. Intérieurement, les choses ne vont peut-être pas se passer ainsi, mais au moins extérieurement je peux faire ce Travail. C'est ce que nous appelons le deuxième aspect du *Chemin*, et il peut être utilisé tout de suite.

"Au pardon de l'homme répond comme en écho le pardon de l'Eternité"

Le pardon va vous permettre une libération complète, c'est le principe général. Vous commencez, Dieu fait le reste, l'Absolu fait le reste. De toute façon, vous ne pouvez qu'induire quelque chose. Même les plus grandes œuvres sont accomplies parce que l'homme induit et qu'une autre force l'aide à réaliser et achève la réalisation. C'est pourquoi, vous ne pouvez vous glorifier de rien. Dans tous les domaines il en est ainsi, même les intuitions les plus géniales sont des intuitions, c'est-à-dire des dons.

Vous mettez le processus en route, ensuite, le pardon se fera tout seul, il vous sera donné. Au Travail fait par l'homme répond le don de l'Eternité : c'est la *résonance*. Quand vous chantez les stances, il est très important d'essayer de comprendre ce que vous dites, et de sentir le poids ou la force des images. Il y a ce que vous pouvez saisir avec l'intelligence et ce que vous pouvez sentir avec le cœur, dont fait partie la beauté des choses.

Ne pas pardonner, donc ne pas oublier, c'est rester accroché quelque part. Le temps, la vie continuent, et vous, vous restez en arrière... L'Eternité vous oublie là où vous êtes. C'est pourquoi il faut pardonner constamment, et au moment présent. Reconnaissez que l'autre ne peut pas faire autrement que ce qu'il fait, car à ce moment-là il est cela. Mais pour vous tout est possible chaque fois vous pouvez faire quelque chose : ne pas vous agacer, ne pas vous énerver, ne pas être négatif.

Le pardon est comme une grande vague, une grande vague qui monte, et la stance fonctionne comme une vague, une grande vague qui monte et se perd dans le sable. Si vous arriviez à bien écouter les stances, vous verriez quelles sont les forces de la nature qui y sont présentes. Chaque musique, chaque stance, c'est un archange qui parle, qui s'exprime à travers la musique. A chaque archange correspond aussi une force de la nature.

Je veux t'enseigner
"Le Respect"

O Fille de la Terre
Je veux t'enseigner
Le Respect
Il est le miroir
De l'Eternité
Qui se reflète
Dans toutes les âmes humaines
Que ton respect des autres
Soit le signe du respect
Envers l'Eternité
Qui vit en toi

Le respect permet de comprendre et d'évoluer.
La peur sclérose

En général, on respecte l'autre soit par ignorance soit par peur. Le respect est une qualité noble, il ne peut pas naître ni de l'ignorance, ni de la peur. Le respect naît de la compréhension réelle de l'autre, de l'intelligence quand l'intelligence est liée au cœur.

Le respect est quelque chose d'immense, quelque chose de grandiose, comparé à la peur qui est quelque chose de petit, qui se cache. Essayez de comprendre la différence qu'il y a entre la crainte et le respect, et alors vous toucherez du doigt quelque chose d'essentiel.

La peur, plutôt la crainte, ce sont des faces négatives du respect, les ombres du respect. Le respect est un grand sentiment, un sentiment positif, un sentiment qui permet de comprendre et d'évoluer. La crainte et la peur sclérosent, font stagner et vous gardent dans un état infantile. Les gens qui sont capables de respect ont quelque chose de grand dans leur âme qui ressemble à ce qu'ils respectent. Quand vous avez du respect, c'est la meilleure partie de votre âme qui se manifeste, et quand vous avez de la peur, c'est dans les pires recoins de l'âme.

La peur c'est quelque chose d'intérieur, d'intériorisé négativement, quelque chose de tout à fait égocentré, de petit. Le respect, c'est quelque chose qui est ouvert sur le monde, sur l'extérieur, c'est quelque chose de grand, qui déborde totalement de soi. La peur, c'est le repli, la fermeture. La peur, c'est uniquement un ego qui veut exister pour lui-même, qui a peur pour soi. Le respect, c'est quelque chose de grand et de partagé, quelque chose qui unit, qui ouvre. Le respect, c'est vous devant le ciel étoilé, devant l'immensité du ciel. La peur, c'est vous dans un trou de souris, vous n'arrivez même pas à entrer, vous restez coincé. Imaginez cela et vous saurez la différence entre la peur et le respect.

Le respect est le miroir de l'Eternité, qui se reflète dans les autres

Il est le miroir de ce qui est de plus grand qu'on découvre d'abord à l'extérieur de soi parce qu'on le voit. Tout ce qui nous dépasse, tout ce qui est plus grand que nous mérite le respect évidemment. Et si notre âme est dans un état correct, comme un miroir qui est correctement nettoyé, tout ce qui est grand à l'extérieur de nous se reflète en nous et devient le chemin sur lequel on va découvrir que cette grandeur perçue à l'extérieur de soi, existe aussi à l'intérieur de soi, dans l'âme humaine.

Ensuite on peut porter ce regard sur les autres, c'est-à-dire on ne les regarde plus comme des petits, on regarde chaque autre comme quelque chose d'immense, comme quelque chose de grand qui porte aussi l'Eternité dans son âme. Le respect, c'est non seulement être capable de voir la grandeur de ce qui est véritablement grand, mais aussi de rechercher dans les autres la grandeur qui, en eux, est encore cachée, plutôt que de les voir avec la peur qui existe en eux et à travers de tout ce qui est petit en eux, tous leurs défauts, tous leurs errements. Non, on cherche en eux ce qui est grand. C'est ainsi que se développe le respect. Et surtout si ce sont des hommes ou des femmes en chemin, on sait qu'ils sont en train de travailler, à faire vivre ce qui est grand et à faire disparaître ce qui est petit.

Cherchez la grandeur dans l'autre.
Le respect remplace alors la peur

Quand on cherche la grandeur dans l'autre, une autre peur disparaît également : la peur des autres. Petit à petit, lorsqu'on regarde en eux ce qui est grand et parce qu'on découvre aussi ce qui est grand en soi, la peur disparaît totalement, et le respect remplace la peur et la crainte. Autrefois les religions enseignaient la crainte de Dieu. Les textes sacrés parlent de la crainte des dieux. Il faut lire tous les textes sacrés anciens, vous verrez que les dieux des anciennes religions sont bizarres, ils voulaient être craints, parce qu'en fait ils s'adressaient à une âme humaine qui était encore à l'état d'enfant. Dieu le Père ressemble à votre père, il fallait l'aimer mais lui se faisait surtout craindre. Aujourd'hui l'âme humaine est capable de maturation, d'être dans un état adulte. Donc, la crainte de Dieu ou des dieux n'est absolument plus à sa place. Aujourd'hui, ce qui est à sa place, c'est le respect, c'est-à-dire être ce miroir de l'Eternité, être capable de découvrir, de voir la grandeur des choses, d'avoir cet autre sentiment qui n'a rien à voir avec la peur.

La dévotion suit le respect, elle pose des actes

Le respect est surtout un sentiment qui habite l'âme. A côté du respect, il y a la dévotion. La dévotion est quelque chose de beaucoup plus incarnée que le respect. Dans la dévotion, c'est ce sentiment de respect qui commence à se mettre en action, qui entre dans l'élément volonté, il pose des actes. La dévotion se manifeste extérieurement. Dévotion, dévouement, don, service, tous ces mots vont dans le même sens, mais ils sont actifs. La dévotion suit naturellement le respect.

La crainte sacrée

Devant ce qui est grand, il est évident qu'il y a là des sentiments qui nous dépassent totalement. Quand les êtres humains perçoivent ce qui est grand, ils n'ont pas d'autres émotions, dans un premier temps, que celles qu'ils sont habitués à vivre devant ce qui est immense. La plupart du temps, lorsqu'ils ont fait une expérience de cette qualité-là, ça leur coupe le souffle, ou ça les paralyse, ou ça les rend muets, c'est-à-dire ils éprouvent tous les effets, les émotions négatives du point de vue physiologique, mais en réalité ça correspond à autre chose. Lorsqu'on utilise par exemple le mot *"crainte sacrée"*, ce n'est plus de la crainte, c'est le mot qui est le passage entre la crainte antique vers le respect d'aujourd'hui. Même devant une expérience spirituelle l'ego a peur, une partie de soi, la petite partie de soi a peur - c'est l'histoire de celui qui a peur de perdre de petites choses, quand la peur est liée à l'avidité -, et dans la grande partie en soi, il n'y a que le respect. Petit à petit une partie cède la place à l'autre et après, il ne reste plus que ce qui est grand.

Si vous développez le respect "toujours et partout", envers tous ceux que vous rencontrez, cela deviendra certainement une voie rapide du progrès spirituel.

✦

Je veux t'enseigner
"La joie de servir l'Eternité"

> O Fille de la Terre
> Je veux t'enseigner
> La joie de servir l'Eternité
> Car alors ton âme
> Restera toujours jeune
> Et le fond de tes yeux clair
> Tu seras une fontaine
> Dont la fraîcheur désaltère
> L'assoiffé

Servir, c'est être présent, et dans la présence il y a plusieurs choses. Dans la vraie présence il y a toujours un sentiment. Ce n'est pas quelque chose d'intellectuel, nécessairement le centre émotionnel y participe, et même le centre émotionnel supérieur commence à agir. C'est pourquoi, lorsque l'effort de présence est assez soutenu, soudain la joie apparaît, celle de servir. A un moment donné la joie se glisse, il se passe quelque chose qui fait qu'on entre dans un autre état de conscience. Cela signifie qu'on est connecté avec le centre émotionnel supérieur.

"Ton âme restera toujours jeune"... Présence dans l'instant, qui est l'Eternité : c'est-à-dire qu'on n'a plus d'âge, on ne vieillit plus.

"Une fontaine dont la fraîcheur désaltère..."

"Tu seras une fontaine dont la fraîcheur désaltère"... Une des caractéristiques de la présence ou du rappel de soi lorsqu'il est pratiqué à peu près correctement, c'est la fraîcheur. C'est toujours nouveau, quel que soit l'âge qu'on a, quelque soit l'époque à laquelle on commence. Soudain, tout devient frais,

neuf. L'expérience est fraîche, elle désaltère... C'est pour cela que parfois, à travers la pratique méditative ou un effort soutenu de présence, on a l'impression de voir plus clair, tout est comme lavé. Ceux qui portent des lunettes doivent même les enlever, ils ne les supportent plus, parce qu'elles les empêchent de voir clair. D'autres qui étaient sourds d'une oreille, soudain se mettent à entendre à nouveau. Des miracles...

Une âme qui reste jeune et grandit au service de l'Eternité

Il y a des gens de 80 ans et plus dont l'âme reste jeune, et dans votre vie, je suis sûr que vous avez rencontré beaucoup de gens stupides, des vieux et même beaucoup de jeunes, dont l'âme est vieille. Beaucoup de gens ont une âme vieille, mais il y en a encore plus qui ont une âme morte. Gurdjieff disait : des gens dont l'*essence* est déjà pourrie, chez qui il n'y a déjà plus rien. La joie de servir, servir l'Eternité, c'est ce qui fait que l'âme reste jeune, et en plus elle ne fait que grandir. Ce qui caractérise la jeunesse, c'est qu'elle est en croissance, et dès qu'on arrive à l'âge mûr, c'est le début de la décroissance. Et si l'âme reste jeune cela signifie qu'elle continue toujours à croître, qu'elle se structure, qu'elle grandit. Le *Chemin* a cet effet lorsqu'on le pratique vraiment, pas lorsqu'on l'intellectualise ou lorsqu'on le rêve.

Eclaircir ses yeux pour pouvoir capter correctement le monde matériel.

"Le fond des yeux clair" est encore autre chose. Le monde extérieur, le monde matériel entre en nous à travers tous les sens évidemment, mais particulièrement à travers les yeux. Et lorsque le fond des yeux est clair, le monde matériel et terrestre entre en nous de façon juste, il se reflète de façon pure en nous. A la manière dont le monde matériel se reflète en nous à travers les yeux, de la même façon le monde spirituel entre en nous beaucoup plus à travers l'ouïe, à travers le son. L'ouïe est

beaucoup plus capable de capter ce qui est spirituel que l'œil. L'œil est une des grandes portes de l'illusion. Il est plus facile d'entendre la vérité que de voir la vérité. Mais il est possible en éclaircissant ses yeux, sa vue, de faire entrer en soi le monde matériel de façon correcte.

"Tu seras une fontaine dont la fraîcheur désaltère l'assoiffé"

Vous avez déjà été en compagnie de gens tristes, de gens blasés, de gens déprimés. Ces gens-là vous désaltèrent-ils beaucoup ? Ils vous servent un cognac, une bière encore, mais c'est tout ce qui leur reste pour vous désaltérer. Tandis que dès que vous êtes en compagnie de quelqu'un qui a le fond des yeux clair, qui a l'âme jeune, cette âme vous désaltère, elle vous réveille, elle vous éveille, elle vous garde en vie, elle étanche votre soif. Et celui qui reste ou qui devient ainsi, devient aussi une boisson de vie, une boisson rafraîchissante pour les autres.

La joie : un sentiment qui naît de l'intérieur et qui se reflète dans le monde

Puis au deuxième degré, l'assoiffé, c'est évidemment l'âme elle-même, c'est l'*essence* en soi qui est nourrie, et parce qu'on a la joie de servir, elle est doublement nourrie. L'*essence* ou l'âme grandit sous l'effet de la joie, donc des émotions positives, des sentiments positifs et non le contraire. Et elle grandit encore pour une autre raison : à cause du service. La joie fait partie de ces sentiments positifs qui sont des sentiments qui naissent de l'intérieur et qui secondairement se reflètent dans le monde extérieur, sur les autres. La joie est typiquement ce sentiment qui vous nourrit vous-même, qui nourrit votre *essence* et celle des autres. C'est le cas de tous les sentiments positifs. Il n'y a plus besoin de leur appliquer *"Aime ton prochain comme toi-même"*, c'est automatique, naturel, spontané. Celui qui est dans la joie communique sa joie, il la donne sans efforts. Aux autres, on indique le commandement : *"Il faut aimer Dieu par dessus tout et ton prochain comme toi-même"* ou toutes sortes d'autres règles de toutes les religions. Ces règles sont nécessaires parce que les gens ne possèdent pas cet état d'être de la joie. Quand on l'a, on n'a plus besoin de règles. C'est comme celui qui a l'amour il n'a plus besoin qu'on lui dise qu'il faut aimer, qu'il faut s'aimer soi-même et qu'il faut aimer les autres.

Atteindre un état d'être qui vous appartient

Cet état de joie structure et fortifie de plus en plus l'âme et donc le service vers lequel il la porte. Ce qui permet d'une part évidemment de compenser le karma, et de la meilleure des manières, non pas dans la souffrance, dans la tristesse mais dans la joie. Et c'est évidemment aussi une des méthodes essentielles de la considération extérieure : comprendre la situation des autres, de l'humanité, d'une école, du monde et d'être dans l'attitude juste vis-à-vis de tout cela : *le service*. Je sais que je suis un membre de cette communauté et que la façon juste d'être dans cette communauté - des petites communautés comme des grandes - est d'être dans le service. Et à cette condition, l'âme ou l'*essence* est nourrie et peut croître dans un état d'être si différent de l'état où vivent habituellement les êtres humains. Une joie s'installe de plus en plus et un jour, cette joie devient permanente, elle devient un état d'être, c'est-à-dire que ça vous appartient, plus rien ni personne ne peut vous l'enlever.

Vous, vous connaissez déjà certaines joies, de temps en temps, mais elles sont éphémères, elles passent. Mais il existe un état de joie qui une fois atteint ne disparaît plus jamais malgré toutes les situations, malgré les difficultés, malgré les problèmes, malgré les souffrances parfois. Cet état reste, il fait partie de vous, il est vous. Et une manière pour vous d'y arriver, c'est de comprendre qu'il y a dans le service une joie. Il faut la chercher et pour cela il faut servir, pas n'importe quand, pas n'importe comment, pas n'importe qui et pas n'importe quoi évidemment.

Servir pour la beauté du geste

Il y a de multiples façons de servir. Lorsqu'on utilise ici le mot servir, il n'a rien a voir avec le mot "être un salarié". Le salarié est celui qui attend sa rétribution. L'homme de la *Voie* n'attend pas de rétribution, justement parce qu'il sait qu'en faisant ce qui est juste, en faisant ce qui est bon, il a déjà sa récompense, la récompense vient très vite, elle vient sous la forme de la joie. Mais il est vrai aussi que c'est un état d'esprit qu'il faut apprendre, il faut le chercher, et on finit par le trouver. Mais si vous servez, si vous décidez de faire un travail de service et que vous attendez une récompense, peut-être que vous aurez votre récompense, votre salaire ou votre compliment mais vous n'aurez pas la joie. Et en contrepartie, la loi du pendule agira, vous aurez aussi votre lot de souffrance, parce que parfois on ne vous paiera pas, d'autres fois on ne vous reconnaîtra pas pour ce que vous avez fait, parfois on ne vous flattera pas, parfois on ne vous remerciera pas et tout cela entraînera vos considérations intérieures et vos souffrances. Or, cela appartient à un monde qui est celui du pendule, un jour une chose, un jour l'autre. Tandis que celui qui comprend le vrai sens de la joie de servir, n'attend rien, il fait pour ce que j'ai appelé un jour, *la beauté du geste*. C'est comme lorsque vous chantez, chantez pour la beauté de chanter, chantez parce que vous aimez chanter, trouvez l'amour du chant en vous, mais n'attendez pas qu'on vous applaudisse. C'est pour cela que les gens qui chantent dans leur salle de bain chantent tellement mieux que tous les autres. Ceux-là chantent ou sifflent pour la beauté du geste tout simplement. D'ailleurs on ne devrait chanter que dans sa salle de bain.

Commencez déjà là où vous savez et aimez servir. Beaucoup ne font même pas cela. En plus, qu'ils commencent à servir là où ils n'aiment pas le faire car il faut toujours rajouter quelque chose à ce qu'on fait déjà. Mais il faut commencer quelque part, il vaut mieux commencer là où on sait et là où on aime, mais commencez. Ensuite vous rajoutez l'impossible, c'est-à-dire un tout petit peu au possible de ce que vous savez. Mais pour tous ceux qui ne font même pas leur possible là où ils aiment, là où ils pourraient faire, qu'est-ce qu'on va pouvoir faire pour eux !

Dans le cadre de l'école : agir en conscience

Apprenez d'abord à faire les choses dans le cadre de l'école qui est un lieu d'exercice. Alors il se passera la chose suivante : on corrigera votre façon de faire qui part nécessairement d'un point bien particulier de vous-même. On vous mettra dans une situation que vous devez dépasser le cadre limité de votre ego, c'est-à-dire que vous apprendrez à mieux faire ce que vous savez déjà faire. Ensuite vous pourrez l'appliquer d'autant mieux au monde.

Tout ce que vous faites pour les autres dans le cadre de l'Ecole fait partie du service. Mais il est certainement intéressant de s'en souvenir chaque fois, puisque beaucoup d'entre nous, vraiment beaucoup, la très grande majorité, sont dans le cadre du service dans un domaine ou un autre. Il est tellement intéressant d'être conscient, de donner une dimension un peu plus grande au service qu'on rend aux autres ou à l'école en ayant présent à l'esprit que c'est bien dans ce cadre-là qu'on fait les choses. Lorsque vous servez, soyez *éveillés*. Dans une autre stance on vous dit d'avoir le *regard attentif*.

✦

Je veux t'enseigner à "Supporter les Epreuves"

O Fils de la Terre
Je veux t'enseigner
A supporter les épreuves
Sans plaintes
Les souffrances
Avec patience
Les revers de fortune
Avec égalité d'humeur
Et à regarder toujours
Devant toi
Avec courage

"O Fils de la Terre, je veux t'enseigner à supporter les épreuves sans plaintes..."

Cette stance est toute simple, elle est à prendre au premier degré. Elle décrit un état intérieur, il faut donc la comprendre de l'intérieur. Certaines personnes supportent les épreuves, extérieurement, elles ne se plaignent jamais ! Ce sont les gens refoulés, les introvertis... Les gens orgueilleux peuvent facilement le faire. Les obéissants - ceux qui veulent apprendre car une forme de discipline est liée à cela - peuvent comprendre : "Tu dois supporter les épreuves sans plaintes !" Ils acceptent cela et ne vont jamais se plaindre. Cette attitude extérieure peut être vécue par tout ces gens-là, mais elle ne va pas sans souffrance intérieure.

Maintenant, il existe une façon intérieure de comprendre : c'est l'acceptation des choses qu'on ne peut changer. Il faut arriver à être dans cet état d'esprit-là intérieurement. On prend d'abord la décision de *"supporter les épreuves sans plaintes"*, et nécessairement cela devient une attitude extérieure. Quoi qu'il arrive qui ne convienne pas, petite ou grande épreuve : pas de plaintes. Et maintenant, il faut trouver l'attitude intérieure qui lui corresponde. On devient alors quelqu'un qui jamais, en aucune occasion, à aucun sujet, petit ou grand, ne se plaint. Intérieurement, il s'agit d'avoir une autre attitude vis-à-vis des difficultés, de ce qui ne convient pas. On y réfléchit et on décide d'une solution, mais on ne se plaint pas, on ne pleure pas.

" Les souffrances avec patience... "

Les souffrances, qu'elles soient physiques, émotionnelles ou autres, il faut les soigner et attendre qu'elles passent. Devant les souffrances, il faut cette patience-là, il n'y a rien d'autre à faire. Cela nécessite aussi une réflexion intérieure. Non seulement il ne faut pas devenir impatient parce qu'on souffre de quelque chose, mais il faut tout faire pour se débarrasser de ses souffrances et les supporter le temps qu'il faudra pour s'en débarrasser. Les supporter tranquillement et surtout ne pas y rajouter une émotion négative. Les souffrances sont là, cela suffit !

" Les revers de fortune avec égalité d'humeur... "

L'égalité d'humeur étant une attitude extérieure, dans un premier temps, on ne manifeste pas ses humeurs.

La sagesse primaire nous enseigne que tout passe, que dans la vie il y a des hauts et des bas. Ce n'est pas la peine de faire suivre ces hauts et ces bas de la vie par des émotions négatives, par des hauts et des bas intérieurs. On ne se laisse pas abattre, on ne s'énerve pas. On peut rester d'égale humeur, face aux hauts comme face aux bas. Ils sont déjà dans la vie, pourquoi les rajouter intérieurement !

"Je veux t'enseigner à regarder toujours devant toi avec courage"

Toutes ces attitudes sont le contraire de la paresse, de l'oisiveté. Pour avancer, il faut poser un pas devant l'autre, et un minimum de courage pour avancer l'autre pied et regarder assez loin pour voir qu'au bout il y a la lumière. Entre temps, il y a beaucoup d'obscurité et beaucoup de montagnes à gravir. Mais on regarde quand même bien droit, bien loin, loin sous le soleil. Les nuages qui passent ne sont pas importants. Ce qui importe, c'est de garder la mémoire du soleil, elle permet de regarder toujours devant soi.

"Avec courage", c'est difficile parce qu'il faut chercher son courage. Mais *"sans plainte"* est un Travail que vous pouvez faire. Et sans plainte, cela vous donnera du courage. Vos attitudes vont naître ensuite des qualités particulières. Je ne sais pas si vous vous souvenez ou si certains pratiquent encore ce qu'on appelait autrefois les qualités du mois. On en parle en anthroposophie ou en théosophie. Une qualité pratiquée fait naître une autre qualité. Vous, *"supportez les épreuves sans plainte, les revers de fortune avec égalité d'humeur"*, alors naîtra le courage. Le courage est quelque chose qu'on ne peut pas avoir au départ, mais on peut commencer à ne pas se plaindre. Vous pouvez dire que vous n'avez pas certaines qualités, quant aux attitudes, elles se travaillent. Ne pas se plaindre sur soi-même, c'est le Travail de base : ne pas bavarder, ni considérer intérieurement. Des exemples nous sont donnés dans le poème de Kipling.

"Si tu peux voir détruit l'ouvrage de ta vie
Et sans dire un seul mot te mettre à rebâtir
Ou perdre d'un seul coup le gain de cent parties
Sans un geste et sans un soupir.

Si tu peux être amant sans être fou d'amour,
Si tu peux être fort sans cesser d'être tendre
Et te sentant haï, sans haïr à ton tour,
Pourtant lutter et te défendre.

Si tu peux supporter d'entendre tes paroles
Travesties par des gueux pour exciter des sots,
Et d'entendre mentir sur toi leurs bouches folles
Sans mentir toi-même d'un seul mot.

Si tu peux rester digne en étant populaire,
Si tu peux rester peuple en conseillant les rois
Et si tu peux aimer tous tes amis en frères
Sans qu'aucun d'eux soit tout pour toi.

Si tu sais méditer, observer et connaître
Sans jamais devenir sceptique ou destructeur,
Rêver, mais sans laisser ton rêve être ton maître,
Penser sans n'être qu'un penseur.

Si tu peux être dur sans jamais être en rage,
Si tu peux être brave et jamais imprudent,
Si tu sais être bon, si tu sais être sage
Sans être moral ni pédant.

Si tu peux rencontrer triomphe après défaite
Et recevoir ces deux menteurs d'un même front,
Si tu peux conserver ton courage et ta tête
Quand tous les autres les perdront,
Alors les rois, les dieux, la chance et la victoire
Seront à tout jamais tes esclaves soumis
Et, ce qui vaut bien mieux que les rois et la gloire,
Tu seras un homme, mon fils."

Est-ce que je veux être un homme ou une femme qui ressemble à ce que propose Kipling ? Si je veux l'être, il faut que je comprenne un certain nombre de choses et que j'adopte certaines attitudes. Est-ce que je veux devenir un *homme* ou avoir la gloire ? La gloire commence par tous les petits trucs de votre fausse personnalité, de votre orgueil, de votre amour-propre...

Si ce type d'idéal vous séduit, le travail commence après réflexion. Il va falloir ensuite vous battre contre votre fausse personnalité. Vous allez souffrir mais vous supporterez vos souffrances. Vous savez que ce sont là les moyens, les attitudes qu'il faut adopter pour arriver à l'idéal que vous vous êtes fixé.

Il existe quatre catégories de souffrances

La première grande catégorie de souffrances est celle des souffrances nuisibles, pas seulement inutiles mais en plus nuisibles ! Si on utilisait un langage religieux, on dirait que souffrir de cette façon est un péché. Ces souffrances sont nuisibles, pire, elles sont un péché contre vous-même. A cette catégorie appartiennent les souffrances dont la source est le rejet des autres, la rancune, la haine, l'aversion, la répulsion, la répugnance. Ce sont également celles qui sont liées à l'avidité, au désir de prendre pour soi, de posséder les choses ou les êtres, à la peur de perdre. En font également partie celles qui viennent des sentiments liés à l'égoïsme, l'envie, la jalousie, celles liées à l'amour-propre, l'orgueil, la vanité, l'apitoiement sur soi-même. Il y a aussi les souffrances de celui qui doute, c'est-à-dire de celui qui exige des preuves. C'est un état lié à un ego trop enflé qui, cette fois, veut obtenir quelque chose sans y avoir travaillé auparavant.

La deuxième grande catégorie est celle des souffrances inutiles ou futiles. Ce sont, par exemple, les souffrances liées aux émotions négatives. Votre vie abonde en souffrances de ce type. Dans cette catégorie on peut mettre les souffrances liées au temps, à la nostalgie de ce qui a été agréable ou du regret de ce qui a été manqué ou mal fait. En font également partie celles liées au futur, sous la forme de l'impatience, des soucis, de l'anxiété quant à l'avenir. D'autres ont dit : "Laissez demain s'inquiéter de demain..." Une autre souffrance superficielle, futile et inutile, est l'indignation vis-à-vis de l'injustice, du comportement des autres.

La troisième catégorie comprend les souffrances inévitables. Elles sont de deux sortes. On trouve dans cette catégorie les souffrances liées à la maladie, aux problèmes de santé, au vieillissement. Il y a aussi toutes les souffrances qui découlent d'un but qu'on se fixe : Travail physique, discipline sportive, le Travail en général... Ou celles que l'on s'inflige par sa propre sottise. C'est l'avare qui s'impose toutes sortes de privations, ou celui qui boude parce qu'on l'a blessé.

La dernière sorte de souffrances est la souffrance volontaire. C'est celle qui est chantée dans la stance 66.

Une fois qu'on a compris ces différents types de souffrances et l'inutilité de la plupart d'entre elles, la vie devient beaucoup plus facile - parce qu'il n'y a plus toute cette souffrance !... On agit alors contre ces grandes misères du monde auxquelles le Bouddha avait cherché remède : la souffrance et la maladie. La vieillesse et la mort, on ne peut y échapper - il faut travailler un peu plus pour ne pas avoir à subir la mort... -, mais toutes les formes de souffrances, on peut les combattre.

Dans la *4eVoie*, on dit qu'il n'y a qu'une seule chose à sacrifier, ce sont les souffrances inutiles. C'est le sacrifice des souffrances ordinaires qui est le plus grand moteur du changement intérieur et qui permet de passer d'un niveau à un autre. On peut même dire que le *Chemin* commence lorsque, à partir de l'observation de soi, du rappel de soi, on décide de se débarrasser de ses souffrances ordinaires.

Un jour, j'ai rencontré une personne qui est réellement dans la *4eVoie* depuis des années. C'est un théosophe. Il m'a reparlé de ses débuts, des premières années où il s'est mis à étudier sérieusement l'*Enseignement* de la *4eVoie*. Il m'a dit : "La seule chose qui m'ait fait rester quand j'ai vu l'ampleur du Travail que j'avais à faire sur moi, c'est une phrase de Gurdjieff. Pour lui, sur le *Chemin*, on ne demande de sacrifier qu'une seule chose, une seule, ses propres souffrances, alors qu'on imagine généralement qu'il faille sacrifier toutes sortes de choses. Sacrifiez vos souffrances, c'est tout ce qu'on vous demande sur ce chemin.

La personne a ajouté : "Ce *chemin* me semblait si compliqué au départ, si difficile ! Quand j'ai lu cette phrase, qu'il n'y a qu'une seule chose à sacrifier, ses propres souffrances, je me suis dit que c'était un chemin pour moi..." Du style relax, cool !... Rien à sacrifier en dehors de ses propres souffrances !... La personne plaisantait bien sûr, mais en même temps, dix ans après, elle savait ce que cela signifiait réellement. "Ensuite, a-t-elle ajouté, il m'a été dur de comprendre, mais aujourd'hui je sais que c'est bien cela, qu'il n'y a qu'une seule chose à faire : aller mieux à tous points de vue en sacrifiant ses souffrances."

Il ne s'agit pas là en effet d'une boutade, mais d'un des aspects les plus importants du *Chemin*. Si vous arrivez à le comprendre et si vous apprenez peu à peu à le pratiquer, vous verrez que ce chemin est effectivement un chemin où on sacrifie toutes ses souffrances, où - mises à part peut-être certaines souffrances inévitables - on n'a plus besoin de souffrir.

Une histoire soufie :

Un homme portant sa croix sur le dos et voulant en changer entre dans l'échoppe d'un marchand de croix et lui dit : "Ma

croix est trop lourde à porter, j'aimerais en acheter une autre."
Le marchand lui propose aimablement : "Dépose ta croix ici. Il
y a là toutes sortes de croix, tu peux choisir !" Notre homme se
met à chercher parmi toutes ces croix afin de trouver celle qui
lui convient le mieux. L'une est trop lourde, l'autre n'est pas à sa
taille. Il en essaye une, puis une autre et encore une autre... Il
finit par trouver une croix correspondant à ce qu'il cherche et
tout heureux il s'adresse au marchand : "J'en ai trouvé une à ma
taille ! Il me semble même qu'elle me va bien et qu'elle n'est pas
trop lourde." Le marchand regarde attentivement la croix et lui
dit : "Tu peux la prendre... Mais sache que tu as choisi celle que
tu as amenée tout à l'heure ! "

Je veux t'enseigner
"La Souffrance volontaire"

> *"O Fille de la Terre*
> *Je veux t'enseigner*
> *La souffrance volontaire*
> *Elle est l'acceptation patiente*
> *De ce qui ne peut être changé*
> *Sois comme l'arbuste fin et souple*
> *Qui se courbe sous le vent*
> *Mais toujours se redresse*
> *Pour fleurir à nouveau*

Cette stance, ainsi que la suivante, se complètent et expriment les deux grandes attitudes face à la souffrance.

La souffrance volontaire est l'acceptation patiente de ce qui ne peut être changé. Il ne sert à rien de déprimer, de s'apitoyer sur ce qui ne peut être changé ou de se révolter contre ce qui ne peut être changé. Face à cela, il n'y a qu'une seule attitude possible : l'acceptation patiente de *ce qui est*.

En latin, le mot *patient* signifie aussi la souffrance. L'acceptation patiente, c'est attendre avec patience, attendre une forme de souffrance qu'on ne peut pas changer, prendre le temps parce que le temps va passer. Et cette souffrance qu'on ne peut pas éviter passera, comme tout passe. Vous ne pouvez changer les situations. Ce que vous pouvez changer, c'est votre attitude vis-à-vis des situations. Cela signifie qu'il y a toujours une occasion de Travail... Non seulement vous pouvez toujours changer votre attitude, mais sur le *Chemin*, vous devez la changer. C'est là le Travail.

La souffrance volontaire ou intentionnelle est un des principes sur un chemin spirituel. Gurdjieff pensait que sur le *Chemin*, il était absolument nécessaire de comprendre deux éléments : *l'effort conscient* et *la souffrance volontaire*.

Une des caractéristiques essentielles et nécessaires de la souffrance volontaire est qu'elle doit être faite pour le bien des autres ou d'un autre. Sinon, elle n'a pas de sens et devient une forme de masochisme.

La souffrance volontaire, c'est celle à laquelle on s'expose en faisant son devoir, celui qu'on a décidé de remplir, non pas les devoirs artificiels imposés par l'éducation, la morale ou la religion. Il peut s'agir de devoirs naturels, comme par exemple ceux des parents envers les enfants. Ces souffrances peuvent être aussi bien d'ordre moral que physique et sont vécues dans l'état d'esprit de l'acceptation : on les prend sur soi, on les assume. De plus, l'état d'esprit qui les accompagne est de n'attendre aucun remerciement. On se donne de la peine pour quelque chose ou pour quelqu'un tout en sachant que, parfois, on ne sera payé que d'ingratitude en retour.

Dans cette catégorie de souffrances, nous pouvons ajouter les souffrances du *Chemin*. Pour ceux qui travaillent sur eux, il est inévitable qu'ils ne se rendent pas compte de toute la part négative en eux, de leurs propres limites et même, dans certains domaines, de leur nullité.

" Sois comme l'arbuste fin et souple qui se courbe sous le vent, mais toujours se redresse"

C'est l'attitude à avoir face à cette souffrance : non pas s'y opposer, que ce soit dans la révolte ou l'apitoiement sur soi-même, ou par la tension, mais être souple, être adaptable. C'est ainsi qu'une souffrance qu'on ne peut éviter passe le mieux possible et laisse le moins de traces possibles. Et c'est cela qui permet ce que dit la fin de la stance, *"pour fleurir à nouveau"* : après la vie recommence. On courbe le dos, c'est un mauvais moment à passer et puis autre chose peut à nouveau recommencer, la vie continue. La vie est faite de ces moments où on se courbe sous le vent et d'autres moments où quelque chose en nous peut fleurir.

Un moyen de Travail sur soi

La souffrance volontaire est l'acceptation des sacrifices qu'impose la vie ordinaire, qu'elle soit familiale, sociale ou professionnelle, mais uniquement dans la mesure suffisante et nécessaire pour arriver à s'en dégager, c'est là un point important.

En effet, si vous ne les acceptez pas, des conflits incessants vont surgir qui finiront par vous empêcher d'avancer sur le *Chemin*. Mais si vous en acceptez trop, si vous ne fixez pas de limites, vous serez trop pris pour pouvoir avancer.

Il faut faire en sorte que la vie ordinaire ne soit pas une gêne, et l'accepter et l'utiliser comme moyen de Travail sur soi. Et quand on n'avance plus, c'est qu'on fait quelque chose de travers. Normalement, on avance, avec des hauts et des bas, ce qui est normal – avec des affirmations et des négations. En ayant recours à la force conciliante, on continue à avancer…

Pas d'ascétisme, ni de masochisme…

Souffrir volontairement, c'est accepter dans un état d'esprit juste les souffrances qu'on ne peut pas éviter. Mais il faut auparavant tout faire pour les éviter. Le principe de la souffrance volontaire ne signifie pas qu'il faille rechercher la souffrance. Il n'y a aucune raison de s'imposer des souffrances, mais toutes les raisons du monde de faire des efforts.

Il ne s'agit ni d'ascétisme, ni de masochisme. Il faut faire les choses simplement parce qu'elles doivent être faites. Souvent, nous vivons la souffrance comme quelque chose d'affligeant ou de pénible. Peut-être que la souffrance, si nous la comprenions vraiment, ne serait ni pénible ni affligeante - nous parlons des souffrances psychologiques qui sont habituellement le problème essentiel.

Une histoire de Maître de Faria : "La bague magique."

Un prince qui avait la passion des choses extravagantes, fit venir un jour tous ses conseillers.

"J'ai rêvé d'une bague, leur dit-il, qui avait la faculté de me rendre gai lorsque j'étais triste, mais aussi un peu triste lorsque j'étais gai." Et il leur demanda qu'on lui fabriquât une telle bague.

Conseillers, ministres, bijoutiers, personne ne savait comment s'y prendre. On appela Maître de Faria. Alors celui-ci prit un simple anneau d'or et y fit graver ces mots : "Tout passe"

Je veux t'enseigner à
"Eviter la souffrance"

> *"O Fils de la Terre*
> *Je veux t'enseigner*
> *A éviter la souffrance*
> *Pour cela*
> *Ignore les désirs de ton âme*
> *Et répète sans cesse*
> *Les paroles d'Eternité"*

Bien sûr, il faut éviter tout ce qui peut l'être. Et donc cette stance est celle de la souffrance inutile. Il ne s'agit pas d'éviter les souffrances que sont les compensations karmiques, pas celles qui nous forment, pas celles qui nous structurent intérieurement. Mais éviter celles qui nous déstructurent, celles qui ne servent à rien, celles qui sont infantiles, qui sont mécaniques, automatiques, qui ne mènent nulle part, qui nous font perdre notre énergie. Voilà les souffrances à éviter.

"Pour cela ignores les désirs de ton âme..."

Cette stance donne le mode d'emploi pour éviter les souffrances inutiles : *"Ignore les désirs de ton âme"*, ce qui signifie évidemment : n'entre pas dans le bavardage intérieur, la justification intérieure, la considération intérieure, etc.

Il s'agit évidemment de l'âme des désirs ou des âmes inférieures, et non de l'âme de l'*essence*, de l'âme structurée, de l'âme "Moi supérieur". Il s'agit ici de l'âme inférieure faite de tout ce qui est notre fausse personnalité, notre personnalité, de tous nos instincts les plus bas. Mais il y a une manière de l'utiliser, comme un bon instrument.

Dès que les désirs de l'âme se mêlent de la vie du corps, dès que l'attachement entre dans les besoins du corps, c'est la porte ouverte à la souffrance. Or, cette souffrance - celle qui est liée aux instincts déviés du corps, souvent les excès physiques tout simplement ou le contraire des excès -, on peut l'éviter. Il y a un excès vers le "trop" et un excès vers le "pas assez". Le *Chemin* est au milieu, entre ces deux types d'excès.

Ensuite, ce qui conduit également à la souffrance, ce sont les désirs de l'âme : les traits négatifs du caractère, les émotions négatives, toutes les formes de considérations. Eviter cette souffrance, c'est une grande partie du Travail, c'est peut être même l'essentiel du Travail, une fois qu'on a compris le premier principe qui est d'apprendre à s'observer.

" Ignore les désirs de ton âme et répète sans cesse les paroles d'Eternité".

Répéter sans cesse les paroles d'Eternité, cela ne signifie pas être un moulin à prières, comme les petits lutins qui tournent sans cesse leur moulin à prières, ou être une espèce de machine stupide qui répète sans cesse un mantra, une stance ou une prière quelconque, bien que la répétition de ce type de paroles ait parfois un sens. Les paroles d'Eternité sont des paroles pleines de sens, des paroles liées à une compréhension des choses. Répéter sans cesse ces paroles d'Eternité signifie : comprends sans cesse, essaye de comprendre toujours mieux et toujours plus un mantra, une béatitude, une prière, une parole sortie de la bouche d'un sage ou d'une conscience supérieure. L'idée de répétition implique aussi bien la régularité que l'approfondissement, ainsi que la compréhension du principe.

Répète ces paroles afin qu'elles soient présentes en toi, afin qu'elles soient une partie de toi. Il s'agit de la parole créatrice, il s'agit du Verbe ou de ce que dans le christianisme on appelle le

Logos, une parole vivante. Combien de fois par exemple, vous dites ou chantez des stances sans même comprendre ce que vous dites ou ce que vous êtes en train de chanter. Dès que vous entendez chanter une stance ou que vous en chantez une, entrez dans le sens de la stance, comprenez-la.

"L'illusion est la cause de la souffrance..."

La clé de la souffrance est dans ces paroles du Bouddha. Pour essayer de les expliquer, les philosophes et les théologiens ont construit toutes sortes de théories. En réalité, le sens de la phrase est très simple : vous souffrez parce que la vie n'est pas comme vous l'imaginez. La vie, les événements, les autres - et vous-même - ne sont pas comme vous imaginez qu'ils devraient être, alors vous souffrez. Vous souffrez de votre imagination, de vos rêves, de vos illusions... Toutes les souffrances dont nous avons parlé précédemment sont liées à cela. Changez vos illusions de la vie, changez votre idée de ce que les événements, les autres - et vous-même - devraient être, et vous arrêterez vos souffrances. Vous pensez mal, et ce *Chemin* vous demande avant tout d'apprendre à penser juste. Voilà la base : apprendre à penser de façon juste. Toutes vos souffrances psychologiques sont liées au fait que vous pensez faux. Vous devez apprendre à penser de façon nouvelle à propos de la vie et de vous-même, et cela n'est possible - il n'existe aucune autre possibilité - qu'à travers la force de l'*Enseignement,* la force contenue dans ces idées nouvelles qui vous permettent de vous comprendre et de comprendre la vie réellement.

Je veux t'enseigner à
"Lutter"

O Fille de la Terre
Je veux t'enseigner
A Lutter
Mais que ce soit toujours
Pour l'Eternité
Et non pour toi-même
Apprends à te battre
Non pour ton moi mortel
Mais pour ta propre Immortalité
Que ton combat soit celui
De l'Éternel

Il n'y a pas grand chose à expliquer à propos de cette stance. Tous les combats pour le *"moi mortel"* sont évidemment des combats pour l'ego, et donc pour l'un ou l'autre des traits principaux. Il s'agit bien de lutte et de combats. Dans le soufisme on parle de "Djihad", de guerre sainte, car sans combat, sans lutte - donc sans effort - rien n'est possible.

Lutter en conscience pour ce qui dure et non pour tout ce qui est superficiel

Il faut d'abord la compréhension. Ensuite, il y a encore la mise en pratique qui demande un effort, en particulier dans l'adoption d'attitudes ou de comportements extérieurs. Il y a chaque fois un effort et même quand c'est facile, il faut encore un effort de conscience. Certains font les choses facilement extérieurement, mais pour eux il s'agit d'ajouter encore un autre effort, l'effort de présence à ce qu'ils font. Cela signifie que l'effort est toujours présent. D'où la lutte, le combat pour quelque chose qui dure et non pas pour tout ce qui est passager.

Lorsqu'on parle de *"moi mortel"*, on fait évidemment aussi référence à tout ce qu'on entreprend de superficiel et qui est toujours passager. D'où la lutte, le combat pour quelque chose qui dure et non pas pour tout ce qui est passager. La lutte pour les choses passagères est inutile. Comprenez bien, on peut vivre avec tout ce qui est superficiel, on peut vivre tous les plaisirs superficiels. Mais le problème naît lorsqu'on se bat pour ces plaisirs, lorsqu'on lutte pour eux. Quand ils se présentent, vivez-les simplement, profitez des choses de la vie.

"Que ton combat soit celui de l'Eternel"

Prenez plaisir aux choses de la vie mais ne vous battez jamais pour elles. Votre énergie de lutte doit être réservée à votre combat pour l'Eternel, c'est là le sens de cette stance. Dès qu'il s'agit de quelque chose lié à la vie ordinaire ou de quelque chose lié à l'ego, ne vous battez pas, il n'y a jamais aucune raison de se battre pour cela.

La force, la véritable force, c'est de céder sur tout ce qui est futile, inutile ou égocentré. C'est d'ailleurs en cédant, en ne se battant pas pour tout ce qui est lié à l'ego qu'on garde la force en soi. Plus on se bat pour son ego, pour ses traits de caractère par exemple, moins on a de force pour le *Chemin*. Nos énergies nous sont mesurées alors, soit on les utilise à bon escient, soit on les perd dans toutes sortes d'autres choses. A la suite de cela, il ne faut pas s'étonner de s'entendre dire : "Je n'ai pas assez de force pour faire le *Chemin*". Eh oui ! Vous donnez vos forces à toutes sortes d'autres choses.

Essayons toujours de comprendre que le résultat de ce que nous sommes et de ce que nous devenons est toujours lié à ce pour quoi nous engageons nos forces.

Je veux t'enseigner à
"Réciter ces paroles"

O Fils de la Terre
Je veux t'enseigner
A réciter ces paroles
Car elles sont les fils subtils
Qui te relient à l'Eternité
Chaque fois que tu les dis
Ou que tu les chantes
Un peu d'amour et de joie
Descend du ciel vers la terre
Elles deviennent alors
Le remède à tous les soucis
Et à toutes les tristesses

Des vertus pensées, dites et chantées par les uns permettent l'action de quelques autres : C'est peut-être le plus grand mystère de l'évolution.

"Mon royaume n'est pas de ce monde" répond Jésus-Christ à Satan. A sa suite, d'autres esprits, des saints, des sages, des prophètes, des initiés et des maîtres sont descendus et continuent de descendre sur terre en sachant que ce royaume n'est pas de leur monde et que dans ce royaume, le tentateur sera toujours vainqueur, toujours. Mais ils savent aussi que s'ils arrivent à faire vivre dans le cœur de certains, dans l'esprit d'autres, des idées, des vertus comme l'Amour, la Compassion, la Joie, ces idées-là, qui sont des forces, continueront à permettre l'incarnation des êtres qui ont besoin de passer sur cette terre, malgré les forces de destruction constamment à l'œuvre. Si des hommes et des femmes font vivre ces pensées et ces vertus-là, et que d'autres

simplement les pensent, les disent, les écrivent ou les chantent, il se dégage de ces simples répétitions - c'est la raison pour laquelle on répète des prières dans les monastères - une énergie qui en aidera d'autres à les pratiquer réellement. Qu'ils s'appellent Mère Thérèsa ou Gandhi, ou d'autres encore, tous ceux-là ne reçoivent la force d'agir là où ils sont - entendez bien, cela est très important - que parce que d'autres, beaucoup plus nombreux, disent ces vertus, les pensent, les cultivent à leur niveau ou les chantent. Le jour où on arrêtera de parler de ces choses, de les penser ou de les chanter, ceux qui les pratiquent n'auront plus de force, parce que leurs propres forces à elles seules ne suffisent pas. C'est le secret de l'action de certains grands hommes ou femmes, de certaines lumières de l'humanité : leur force réside dans la prière, le chant, la récitation de centaines de milliers d'autres. Et si parmi ceux-ci, quelques centaines ou quelques dizaines seulement sont conscients de ce qu'ils font, plus de force sera donnée à ceux qui agissent ailleurs, là où il y a la famine, la guerre, la destruction, là où il y a la haine.

Cela signifie que lorsque quelque part des stances comme celles-ci sont chantées, on ne fait pas que chanter entre quatre murs. Une des stances dit *: "L'amour de l'Eternité n'a pas de limite"*. Alors ne croyez pas qu'ici on ne fasse que chanter, autre chose se passe. La grande économie spirituelle, celle des échanges des énergies sur terre et dans l'humanité, est à l'œuvre.

Chantez pour ceux qui souffrent !

Alors n'hésitez jamais à chanter chaque fois qu'on parle d'amour, de fraternité, de joie, de paix, n'hésitez pas à chanter ou à répéter en vous-même. Plutôt que de laisser vos pensées divaguer dans ce que nous appelons le bavardage intérieur ou la considération intérieure, chantez quelque chose de beau. Vous ne serez plus seul, vous donnerez quelque chose et, vous le savez, dans le domaine spirituel lorsqu'on donne, on reçoit. Quand vous chantez, pensez à cela. Pensez que vous chantez pour ceux qui souffrent quelque part, et il y en a beaucoup sur terre... Nous ne pouvons pas tous aller sauver ceux qui meurent de faim en Afrique ou en Asie, nous ne pouvons pas aller arrêter la haine dans les pays en guerre, mais nous pouvons donner de la force à ceux qui, sur place, luttent.

Voilà à quoi participent tous ceux qui sont sur un chemin, et tous ces autres aussi qui suivent un cheminement religieux dans les couvents ou les monastères. Chacun d'entre nous, chaque fois qu'il répète ces paroles, participe à cela.

Je veux t'enseigner
"La Fraternité"

> O Fille de la Terre
> Je veux t'enseigner
> La Fraternité
> Ne laisse entrer
> Dans le cercle de tes amis
> Que ceux qui en sont dignes
> Éloigne les autres
> En les comblant de bienfaits
> Car en dehors de ta vie
> Le cercle de tes amis est ton plus grand bien
> N'y convie pas l'indigne

Cette stance est beaucoup plus forte que vous ne l'imaginez. Elle dit qu'en dehors de ta vie, la chose la plus importante est le cercle de tes amis : quand ils sont dignes, quand tu les as choisis correctement et quand ce sont de vrais amis.

La fraternité se construit sur
des expériences profondes communes

Sur tous les chemins spirituels, dans toutes les organisations spirituelles véritables, on parle de fraternité. La fraternité n'existe jamais au départ, jamais ! Il n'existe pas d'amis d'emblée. Et si la fraternité devait exister ce serait une erreur, une utopie, une illusion. Les amitiés acquises dès le départ ne sont pas des amitiés. Elles sont liées en grande partie aux attirances immédiates, donc à la fausse personnalité. Ce sont toutes les fausses amitiés de la vie.

L'amitié, comme tout ce qui a de la valeur, est quelque chose qui se construit sur des expériences profondes communes qui font que l'on reconnaît quelqu'un parce qu'il a fait les mêmes expériences profondes. Ceux parmi vous qui ont déjà fait un certain nombre d'expériences profondes, savent parfaitement que le lien qui les unit à d'autres, ayant fait le même type d'expérience, est plus profond que n'importe quel autre lien humain.

Non seulement l'amitié se construit, mais comme l'amour, elle s'entretient. Entretenir, c'est construire toujours à nouveau. Partager des expériences intellectuelles, émotionnelles et matérielles est une des manières de construire et d'entretenir. L'intimité spirituelle est l'intimité véritable et celle-ci n'exclut pas. Ceux qu'il faut *"éloigner en les comblant de bienfaits"*, ce sont ceux qui veulent uniquement la satisfaction de leur ego.

La moindre exigence est une blessure à l'autre

Du point de vue supérieur, une relation d'amitié a pour base l'absence réciproque d'exigences en dehors de celles du *Chemin*. Cela signifie être capable d'accepter l'autre tel qu'il est, avec ses qualités et ses défauts. Vous ne devez pas avoir d'exigences vis-à-vis des autres. La moindre de vos exigences tue ou du moins blesse quelque chose dans votre relation à l'autre, quel qu'il soit.

"L'exigence du *Chemin*" correspond aux prémices d'une relation basée sur l'idée du Supérieur ; elle est inhérente à la définition même de cette relation. La base d'une amitié véritable : beaucoup d'exigences vis-à-vis de soi-même, aucune vis-à-vis de l'autre.

Avoir un ami, avoir un cercle d'amis véritables, *"dignes"*, passe par la lutte absolue contre les exigences. Et n'oubliez pas que, du point de vue spirituel, la moindre exigence est une blessure à l'autre. Nous ne pouvons pas avoir l'exigence que les autres nous aident dans notre service. Une autre stance dit : *"N'attends ou n'accepte jamais aucune excuse, car rien en toi ne peut être blessé"*. Comprenez qu'il s'agit du même état d'esprit. Il ne s'agit pas évidemment de refuser les excuses des autres ! Mais il s'agit de comprendre qu'au fond de toi, tu ne peux pas être dans l'état d'exigence, ni d'une aide, ni d'une excuse.

L'amour est à l'opposé de l'égocentrisme

Aimer, c'est reconnaître l'autre et être heureux de ce qu'il est. Vous ne pouvez pas dire que vous aimez quelqu'un ou que vous avez de l'amitié pour quelqu'un, lorsque vous ne le regardez même pas en le croisant ou quand vous ne le regardez pas dans les yeux. Quand vous le regardez dans les yeux, obligatoirement, par ce regard, vous lui dites : "Je sais que tu es là". Et si en plus vous êtes capable de lui sourire, cela signifie : "Je suis heureux que tu sois là". C'est le sens de la règle des Ecoles de sagesse : "Quand vous croisez quelqu'un, regardez-le dans les yeux et souriez-lui." L'amour est à l'opposé de l'égocentrisme, de l'amour de soi. L'amour c'est devenir l'autre, devenir *toi,* ou au moins quand je reconnais *toi.*

Quand vous allez vers quelqu'un dont vous dites que vous l'aimez, que vous avez de l'affection, de l'amitié pour lui, et qu'il n'y a pas de joie en vous, c'est que vous allez vers cette personne avec autre chose que de l'amour, de l'affection, de l'amitié. En réalité cela veut dire que vous voulez autre chose, que vous voulez l'utiliser d'une manière ou d'une autre pour vous. Par contre, quand vous allez vers quelqu'un avec joie, même s'il y a des problèmes entre vous, les problèmes se résolvent toujours.

L'exemplarité est quelque chose d'essentiel

"Ne laisse entrer dans le cercle de tes amis que ceux qui en sont dignes". "On finit par ressembler à ce qu'on aime" nous dit une autre stance. Ou une autre encore : *"Je veux t'enseigner à choisir tes amis".* Ne choisis donc pas l'indigne, parce qu'on devient semblable à ce qu'on aime.

L'exemplarité est quelque chose d'essentiel. Le fait de se fixer un idéal et de ne fréquenter que des hommes et des femmes nobles, ou qui du moins tendent vers cela, vous met dans un milieu d'exemplarité constante. De l'idéal et de l'exemplarité naissent des stimulations extrêmement fortes. C'est comme si chaque fois, de l'exemple que vous voyez, vous faisiez un des alliés du *moi* en vous qui veut évoluer.

" Car en dehors de ta vie,
le cercle de tes amis est ton plus grand bien"

Cela signifie surtout que l'ami, celui qu'on aime, est la porte du Royaume des cieux, la porte de la Réalisation. Personne n'entre au paradis s'il n'est accompagné d'un ami, pas n'importe quel ami, il faut qu'il soit digne, qu'il soit supérieur.

Il existe deux choses précieuses : votre vie, ce qui fait que vous existez en tant qu'être - une lapalissade en réalité, puisque sans la vie, vous n'existeriez pas -, et en dehors de ta vie, *"le cercle de tes amis"*. Ta vie, c'est ta vie mortelle. Si tu ne crées pas un cercle d'amis, si tu n'as pas d'amis dignes, si ce que tu aimes n'est pas assez élevé, tu ne peux pas franchir la porte de la deuxième vie, celle de l'Immortalité. Puisque tu deviens semblable à ce que tu aimes, il faut que tu mettes ton amour dans ce qui est digne, c'est-à-dire dans ce qui va t'ouvrir la porte de la deuxième vie.

Je veux t'enseigner à "Reconnaître le fourbe"

O Fils de la Terre
Je veux t'enseigner
A reconnaître le fourbe
Il a belle apparence
Mais sonne creux
Comme le bois rongé par le ver
Ou alors il est pauvre
Mais d'une pauvreté
Qui ne sait que prendre
Sans jamais rien donner

"Je veux t'enseigner à reconnaître le fourbe"

"Il a belle apparence mais sonne creux". Le creux, c'est le vide intérieur. Le fourbe n'a pas d'*essence*, tout chez lui n'est que *"belle apparence"*, vanité passagère engendrée par l'orgueil et le mensonge. Au bout de la vie il n'en restera rien parce qu'à l'intérieur c'est creux, et l'enveloppe extérieure retournera à la poussière.

"Ou alors il est pauvre". Il est pauvre, il n'a rien en lui. En fait, il est comme vous tous, il n'a pas grand-chose en lui. Mais celui qui possède une *essence* est d'une pauvreté qui a besoin de recevoir, donc de prendre, mais qui donne aussi à la mesure de ce qu'elle reçoit, toujours. Sur le *Chemin,* ce que vous prenez, vous devez pouvoir le rendre et, de façon naturelle, si vous progressez réellement sur le *Chemin,* vous rendez ce que vous prenez.

Le fourbe est d'une pauvreté qui ne sait que prendre pour sa personnalité, pour son ego. Tout reste collé à cet ego et tout disparaîtra avec lui. C'est pourquoi il est à plaindre aussi. Nous lui devons la clémence, un des attributs de Dieu qui s'adresse à tous, bons et méchants. Dans la clémence il y a cette acceptation et cette bienveillance même envers ceux qui ne le méritent pas. La miséricorde et la compassion sont d'autres attributs de Dieu et si vous comprenez leur sens vous savez qu'ils s'adressent à ceux qui possèdent une *essence*.

✧

Je veux t'enseigner à
"Rejeter toute vanité"

> O Fils de la Terre
> Je veux t'enseigner
> A rejeter toute vanité
> Car elle te précipite
> Vers ce que tu ne mérites pas
> Et te masque la vérité
> L'Eternité n'a pas de masque

La vanité masque toujours la vérité, elle empêche d'être vrai, elle essaie de montrer aux autres quelque chose de faux. Elle est à la fois une forme du mensonge et de l'orgueil.

"Elle te précipite vers ce que tu ne mérites pas..."

L'avidité ! La vanité est une des pires avidités, parce que vouloir ce qu'on ne mérite pas, c'est aller à l'encontre du destin, à l'encontre du karma qui, lui, essaye constamment de placer chacun, le mieux possible, dans la situation qu'il mérite. La vanité est donc ce trait de caractère qui va très fort à l'encontre du sens du karma. Le vaniteux semble vouloir constamment sortir de son propre karma. Or il faudra y retourner, et un principe dit que ce sera deux fois plus douloureux.

Comprendre la vanité, c'est comprendre qu'elle essaie de vous faire sortir de l'endroit qui est le vôtre, de votre réalité. C'est une sorte de mensonge très actif qui vous pousse en avant, mais toujours dans l'illusion et vers ce que vous ne méritez pas. Il s'agit là du vaniteux qui se vante de ce qu'il n'est pas réellement. C'est l'illusion totale et le mensonge complet.

Mais il existe une autre forme de vanité, la plus fréquente, celle de celui qui se vante de ce qu'il est. Cela semble plus facile à admettre, plus acceptable en général. C'est une autre forme de mensonge, puisque c'est s'attribuer à soi-même le bénéfice des choses, alors que rien ne nous appartient, tout nous est donné. La vanité est à l'opposé de la reconnaissance, à l'opposé de la gratitude.

Je veux t'enseigner à
"Essuyer les larmes"

> O Fille de la Terre
> Je veux t'enseigner
> A essuyer les larmes
> De ceux qui pleurent
> A prendre dans tes bras
> Ceux qui sont abandonnés
> L'Eternité
> Te montrera alors
> Le Chemin vers l'Immortalité
> Sur lequel tu conduiras
> Tous ceux que tu as consolés

L'aide que nous pouvons apporter aux autres par l'amitié, la fraternité, la compassion...

Cette stance a d'abord une signification extérieure que tout le monde comprend d'emblée. C'est une stance de l'amitié, de la compassion, de la fraternité. Elle rappelle aussi que tous ceux avec qui nous nous lions positivement nous accompagnent ensuite à travers les vies et à travers les mondes, donc à travers l'Eternité. Voilà la signification extérieure de la stance : l'aide que nous pouvons apporter aux autres, surtout quand ils sont dans un état de détresse. Cela peut être par exemple, visiter des malades ou prendre de leurs nouvelles, être à leur côté au moment de la mort...

157

Eveiller tout ce qui est positif en nous pour devenir créatif
Ensuite une deuxième signification :

> *"Essuyer les larmes*
> *De ceux qui pleurent,*
> *A prendre dans tes bras*
> *Ceux qui sont abandonnés"*
> *L'Éternité*
> *Te montrera alors,*
> *Le Chemin vers l'Immortalité*
> *Sur lequel tu conduiras*
> *Tous ceux que tu as consolés*

Tous ceux-là sont toutes les parties de toi-même que tu abandonnes. Ce sont aussi bien ta propre *essence* que tous tes "moi" talentueux, tous les *moi* des qualités que tu possèdes, tous ces "moi" qui forment la personnalité - en opposition à tous les petits "moi" de la fausse personnalité. Il s'agit de les éveiller et de ne pas les laisser seuls, de ne pas les abandonner, de ne pas les laisser pleurer. Mais au contraire, il faut les développer, les cultiver de façon à ce qu'ils deviennent ensuite une nourriture pour l'*essence* elle-même, afin qu'elle soit métamorphosée en quelque chose d'immortel, à une condition : c'est d'abord de les éveiller et ensuite de les utiliser en les mettant au service de cette *essence*. Il faut non seulement les prendre dans ses bras, mais les prendre à bras-le-corps, c'est-à-dire agir. Et lorsqu'on ne développe pas les talents et les qualités qu'on a déjà - et le Travail consiste aussi à en rajouter d'autres, évidemment - on fait autre chose ou autre chose se fait naturellement en soi. Tous les petits *moi* négatifs de la personnalité qui sont liés aux traits du caractère, à l'orgueil, à l'illusion, à la peur, à l'abus de sexe, à l'avidité et puis encore à toute la multitude des traits secondaires, tous ces *moi* se réveillent et parlent constamment en soi.

Mais à partir du moment où on décide de faire taire tous ces petits *moi* en soi, qu'on développe les qualités qu'on possède et qu'on en rajoute encore d'autres, on est créatif, on agit, il n'y a plus d'énergie pour tous ces petits *moi* négatifs. C'est une des réponses à votre problème de bavardage intérieur et à la perte d'énergie continuelle. Il y a évidemment d'autres périodes où l'action extérieure n'est pas nécessaire, mais où il est besoin d'action intérieure tout simplement : on s'assoit en silence, soit pour réfléchir à tout ça, soit pour essayer de faire vraiment silence et d'observer ce qui se passe en soi à ce moment-là. Alors on voit à quel point le bavardage s'installe, mais on n'est plus obligé d'y participer. C'est ce qu'on appelle la *méditation*. On entre dans cet état d'observateur où on voit cette multitude de petits *moi* bavarder, se disputer et se tirailler, mais on est dans le Travail qui permet de se distancier ou de se détacher, dans un Travail de non identification.

Je veux t'enseigner
"La Conciliation"

O Fille de la Terre
Je veux t'enseigner
La Conciliation
Par elle tu deviens
Semblable aux Dieux
Et créateur d'un ordre nouveau
Ainsi
Ce que le destin aura divisé
Tu le rendras à l'Unique
C'est là ton propre Chemin
Vers l'Éternité

Comprendre les autres en se mettant à leur place

Considérer extérieurement c'est comprendre la situation de l'autre, comment il vit, comment il ressent, comment il agit, quels sont les traits qui le poussent...

Vous est-il déjà arrivé de remarquer que quelqu'un vous en veut alors que vous ne lui avez rien fait ? Quelque temps plus tard vous le rencontrez à nouveau et vous remarquez qu'il vous en veut toujours. Vous vous dites : "Quel idiot, il m'en veut et je ne lui ai rien fait." Se mettre à la place de l'autre, c'est se poser la question : "Qu'est-ce que j'ai bien pu faire pour qu'il m'en veuille et que je n'ai pas remarqué ?" Ah oui ! C'est quelqu'un que je remarque rarement, sauf quand je vois qu'il m'en veut, c'est-à-dire qu'il ferme la porte devant moi au moment où j'arrive. Quand je viens dans une pièce, je ne le remarque pas, parce qu'il ne m'intéresse pas. Je salue les autres, mais pas lui. Donc, chaque fois, je le blesse dans son orgueil, dans son amour propre, sa vanité. Et là, je peux comprendre pourquoi il m'en veut. Je me suis mis à sa place - je ne dis pas que sa place est bien -, mais je peux comprendre pourquoi il m'en veut et cela va entraîner chez moi un changement d'attitude. D'abord, je ne vais plus me dire : "Quel idiot ! Il me claque la porte au nez chaque fois que je viens, il m'en veut, je suis traité injustement". Je comprends ses limites. Son orgueil est blessé parce que je ne le salue pas. Maintenant, d'une part je peux comprendre sa réaction et d'autre part, si je suis un peu intelligent, je le repère un peu plus chaque fois que je rentre dans une salle où il se trouve, il devient un réveil pour moi, je le salue normalement comme tous les autres. Ceci est un exemple simple et banal de considération extérieure.

Voir les limites de l'autre vous oblige à voir les vôtres dans le même domaine

Dans la considération extérieure il y a une compréhension de l'autre et surtout - tout le monde n'est pas nécessairement très évolué - dans la considération extérieure il y a la compréhension des limites de l'autre, de ses automatismes. Cette compréhension va me permettre de l'aider, mais à partir d'un endroit qui est juste, et non pas à partir de mon sacrifice ou de mon sens du service ou de ma fibre maternelle ou paternelle, mais à partir de quelque chose de réel et à partir de là, je peux aussi ne plus me situer dans le jugement.

Quand vous voyez les limites de l'autre, vous êtes obligé de faire un Travail, de vous poser la question : "Où sont les miennes dans le même domaine". Vous constatez que l'autre est aussi mécanique, aussi limité que vous-même. En faisant ce Travail, la compassion vient naturellement. On constate qu'on est soi-même limité dans beaucoup de domaines comme l'autre est limité dans ce domaine précis.

Sinon, le juge en soi a vite fait de se mettre au-dessus et le juge est plus rapide à intervenir que le compatissant. Il est plus facile de rester dans son orgueil et sa supériorité ou même dans sa réactivité face à quelqu'un qui pose un problème. C'est bien pourquoi on appelle ce *Chemin* d'un nom bizarre, le Travail... A chaque occasion, il y a un Travail à faire.

Le but est de réaliser une grande œuvre ou le *Grand Œuvre*. Vous avez des centaines ou des milliers de gens qui pensent être sur des chemins et qui parlent du *Grand Œuvre*. Le problème, c'est qu'ils n'ont jamais commencé le Travail. On réalise le *Grand Œuvre*, qui est la réalisation de soi, à partir du moment où, petit à petit, on pose une pierre après l'autre et on l'ajuste et on la taille, mais vraiment, pas seulement en pensée, mais dans la réalité de la vie.

La loi de la triade :
la réconciliation devient force de création

La loi de la triade s'applique systématiquement quand vous êtes en face de quelqu'un qui a une attitude qui vous déplaît ou qui essaye de vous persuader de faire quelque chose qui vous déplaît. C'est la force d'affirmation. Et vous devez faire un Travail pour arriver à la force conciliante. Dans cette situation, en vous monte soit l'orgueil, soit la réaction, soit le jugement qui est la force d'opposition. La troisième force ne peut venir que du Travail, que de l'*Enseignement*, que d'un principe qui vous élève au dessus, sinon, vous restez au même niveau, l'un en face de l'autre. C'est pour cela que la vie, même entre individus qui s'aiment beaucoup, devient très rapidement une confrontation.

Si vous ne mettez pas quelque chose en œuvre qui dépasse cette confrontation, elle aura lieu, tout le temps, même avec la personne que vous aimez le plus au monde, tout simplement parce que c'est un mode de fonctionnement de tout l'Univers.

Partout, il y a toujours affirmation-opposition. Mais dès que vous haussez votre relation au niveau supérieur, faisant intervenir une autre conscience, d'autres principes, vous avez des chances de vous en tirer beaucoup mieux.

En réalité, il y a la manière ordinaire de réagir qui fait qu'on est prisonnier de ce jeu de force et il y a une manière supérieure de réagir qui fait qu'on voit ce jeu de force et que, volontairement, on se met au dessus. Même si vous ne vous opposez pas, le jeu de force ne s'arrête pas pour autant. L'autre, en face de vous, va vouloir continuer à affirmer et vous allez, vous, être obligé à continuer à être en opposition, d'une manière ou d'une autre. Le mot opposition n'est pas négatif, il s'agit tout simplement de jeu de deux forces - les Chinois diraient le yin et le yang tout simplement - à vous de voir cette force d'opposition qui se met naturellement en place et de l'utiliser avec une qualité supérieure qui vient de vous. Cette attitude transforme tout.

La confrontation est quelque chose de nécessaire, c'est la vie même. C'est ce que nous appelons aussi dans l'*Enseignement*, le frottement. Il faut un frottement pour que la chaleur naisse, il faut qu'il se passe quelque chose. Donc, le processus est bien celui-là : Il y a une force d'affirmation, une force d'opposition et nous faisons naître une troisième force, la *force de réconciliation ou de création*. Cette force-là devient immédiatement une force d'affirmation. Et pour que la vie continue, il va falloir que quelque chose s'y oppose, donc la force d'opposition se trouve à un autre endroit maintenant. A nouveau, il y a deux forces et normalement on doit aboutir à une troisième force et la troisième devient la première par rapport à la prochaine qui est la seconde. Et quand ces deux forces sont à nouveau en présence, il y en a une troisième, la troisième redevient la première, constamment, c'est ça la vie.

La loi de la triade dans le combat intérieur

Habituellement, on imagine qu'il faut éliminer la force d'opposition, on n'en reconnaît pas la valeur. On pense que c'est quelque chose qui ne devrait pas être là, que cette force va à l'encontre de ce qu'on veut soi, alors qu'en fait c'est justement cette force qui fait avancer. Seuls les morts n'ont plus cette force d'opposition. En eux, il n'y a plus de vie, donc plus d'opposition. Ils peuvent pourrir tranquillement, plus personne ne s'oppose à eux, eux nous plus ne s'opposent plus à rien, tout va bien. La vie, c'est force d'affirmation, force d'opposition. En rester à ce niveau, c'est faire partie de la vie organique.

On peut faire mieux en introduisant dans ce processus un principe supérieur. Le mot opposition ne signifie pas qu'on s'oppose, c'est simplement une deuxième force. Il y a une force, celle qui vient et une autre qui est là en face. La deuxième, parfois, s'oppose dans le sens du mot, elle s'oppose vraiment. D'autres fois elle est force d'opposition qui s'enlève, mais elle est force d'opposition. Si elle s'oppose, il ne se passe pas grand-chose de neuf, on reste au même niveau. Si elle trouve une autre solution, le niveau est haussé.

Cela se passe ainsi non seulement au niveau social ou professionnel et dans vos relations en général mais aussi à l'intérieur de vous. Si à l'intérieur de vous il y a deux *moi* qui se battent et qu'il y en a un troisième plus intelligent qui se retire, les petits *moi* qui se battent, se battent dans le vide. Donc, le problème de la triade mérite d'être réfléchi quant aux relations humaines, aux situations de la vie, mais nécessite aussi d'être réfléchi quant au combat intérieur. La force d'opposition est quelque chose qui nécessairement existe.

La divine opposition.
Répondre à partir d'un principe supérieur

Dans le christianisme, il y a une histoire qui est très intéressante : *"La tentation dans le désert"*. Jésus de Nazareth va se promener dans le désert. Apparaît alors quelqu'un qu'on appelle Satan, le tentateur. Mais en réalité, dans les écrits, il est ni l'un ni l'autre, il est appelé "l'adversaire", il est la force d'opposition. Jésus n'accepte pas la confrontation. L'adversaire lui dit : *"Transforme les pierres en pains."* Jésus ne lui répond pas au même niveau, il ne lui dit pas oui, je sais le faire ou pas le faire, il parle d'autre chose. L'autre lui dit : *"Saute de cette montagne, tes anges viendront t'aider à atterrir correctement"*. Et Jésus lui répond encore autre chose. Chaque fois, il lui répond à partir d'un principe supérieur. C'est-à-dire lui, force d'affirmation, et l'adversaire, force d'opposition, les deux existent et doivent exister. Le mal, ne vient pas du fait que l'adversaire existe, le mal, ce n'est pas Satan. Le mal, c'est quand moi j'accepte de me mettre à son niveau.

Dans les religions déformées et dans votre éducation, souvent on vous parle du mal comme de quelque chose qu'il faut éviter. On ne peut pas éviter le mal, il est toujours face à nous. En réalité, dans les écrits gnostiques, le mal, Satan, Lucifer, Ahriman ne sont pas considérés comme de vraies forces du mal, mais comme des forces d'opposition. Et dans ces écrits gnostiques, on les appelle la *divine opposition* : Il y a le Dieu créateur et la divine opposition. Ensuite, c'est nous qui faisons l'enfer parce que nous acceptons ce jeu au lieu de nous placer chaque fois au dessus, de suivre l'exemple de Jésus dans le désert qui dit : *"Non, je ne veux pas transformer les pierres en pains. Non, je ne veux pas sauter et voler au-dessus de la terre. Non, je ne veux pas le pouvoir sur le monde"*. Il ne le dit même pas parce qu'il se place à un autre niveau, il laisse l'autre fantasmer et rêver, et lui fait autre chose. Et l'histoire des Evangiles, si vous la relisez, finit en disant : *"Une fois que l'adversaire s'est retiré, les anges du Seigneur viennent et le servent"*. Cela signifie qu'une fois l'opposition achevée, on est soi à un niveau supérieur. Il était dans le désert en train de jeûner depuis quarante jours, et une fois que l'opposition s'arrête, il se passe autre chose, à un niveau supérieur.

Se mettre en résonance avec ceux qui nous ont quittés

Cette stance a encore un autre sens. *"Ce que le destin aura divisé, ce qu'il aura séparé, tu le rendras à l'Unique, c'est là ton propre Chemin vers l'Eternité"* : "Je veux t'enseigner la conciliation avec ceux dont nous sommes séparés". Chacun d'entre nous a au moins un être cher qui a disparu. La conciliation est ce qui permet à nouveau d'être uni avec cet être cher. Lorsqu'un être humain entre en résonance, il devient *"semblable aux Dieux"*. Il crée un ordre nouveau, il réunit à nouveau le terrestre et le céleste. L'esprit ou l'âme qui vit encore dans un corps physique peut être relié à l'âme défunte.

Je veux t'enseigner
"L'Amour de l'Eternité"

O Fils de la Terre
Je veux t'enseigner
L'Amour de l'Eternité.
Tu vis sur terre
Mais ne sois pas de la terre
Tu vis parmi les mortels
Mais toi
Sois un fils de l'Immortel
Ne t'attache pas
Aux fruits de la terre
Mais recherche
La rose d'Eternité.

"O Fils de la Terre, je veux t'enseigner l'Amour de d'Eternité"

L'Amour de l'Eternité c'est l'Amour de l'Eternité en toi, et si tu es identifié à toutes les situations qui passent, tu n'as pas l'Amour de l'Eternité, tu accordes plus d'amour et plus de valeur à ce qui passe, à toutes les situations qui passent. *"Je veux t'enseigner l'Amour de d'Eternité"* signifie : je veux t'enseigner à valoriser ce qui est plus important que ce qui se passe.

L'essentiel pour soi étant défini, tout le reste devient secondaire, on peut ne plus s'y attacher. Tous les problèmes perdent de leur importance, tout simplement parce qu'il y a quelque chose dans sa vie qui a plus d'importance. Cela signifie qu'on est beaucoup moins identifié à n'importe quelle situation extérieure, qu'elle soit physique, émotionnelle, intellectuelle, familiale, sociale, professionnelle... Le fait d'avoir réellement pris la décision de la *réalisation de soi* permet de relativiser tout le reste, tout en vivant parfaitement tout ce qu'il y a à vivre, mais sans identification à tous les drames auxquels on s'identifie habituellement, sans la souffrance qui est liée habituellement à l'identification. La recherche sincère de cet essentiel est un cheminement qui conduit à sa réalisation. Les grandes souffrances qui viennent de petites souffrances, les grands drames, les grandes tragédies, deviennent de petits aléas de la vie.

Pour qu'il en soit ainsi, il faut déjà avoir réussi à ne plus s'identifier à toutes les stupidités de la vie, sinon tout le reste est rêveries et fantasmes. Quand quelqu'un vous blesse un peu ou a une attitude que vous jugez incorrecte à votre égard : s'identifier à cela est une attitude infantile. Un jour, il faut devenir adulte, laisser les autres vivre et décider de son cheminement à soi, arrêter de dépendre de ce que disent ou de ce que pensent les autres, avoir un but devant soi, alors tout le reste devient secondaire. Cette attitude permet ensuite d'être simple, bienveillant et direct avec tous les autres. Mais il faut avant tout régler tous ces problèmes du commun, de la petitesse, de la mesquinerie en général.

Et pour pouvoir régler ce problème, il faut d'une part être capable de s'observer dans la situation quand elle nous arrive et d'autre part ne plus trouver de justification pour entretenir notre comportement. Ce Travail-là est essentiel et donc tout à fait à l'opposé du Travail de refoulement. Comprendre cela, c'est comprendre 50 % du *Chemin*. Il faut dépasser la petitesse et la mesquinerie qui s'arrêtent à des détails insignifiants et devenir une *grande âme*. Et une *grande âme* ne se nourrit plus de considération intérieure et de manifestations négatives.

"O Fils de la Terre, je veux t'enseigner l'Amour de d'Eternité" signifie alors : Je veux t'enseigner à faire passer ton sentiment d'existence, ton sentiment du moi, des situations banales qui passent, à quelque chose de plus profond en toi et qui peut être éternel. Je veux t'enseigner à faire passer ton sentiment du moi dans ton moi observateur qui est le prélude à ton *essence*, à ton moi réel plutôt qu'à l'un de tes petits *moi* identifié à une petite situation ou à un petit état d'âme.

"Tu vis sur Terre ... "

Evidemment tu vis sur terre. Tu vis dans les situations et dans les événements, ton corps physique est pris dans les situations. *"Mais ne sois pas de la terre"*, accorde plus d'importance à ce qui en toi est d'origine supérieure, pas à ton corps physique qui est pris dans les situations, et ne laisse pas ton âme ou ton esprit être identifiés, être prisonniers de ces situations.

"Tu vis parmi les mortels..."

Les mortels sont les hommes et les femmes qui passent mais aussi les situations et les événements. *"Toi, sois un fils de l'Immortel"*. Tu n'es pas mûr encore, tu n'es pas réalisé, tu n'es pas encore en contact avec ton véritable *Moi*, tu es encore un enfant, mais un enfant qui peut travailler à développer cette *essence* et à retrouver le contact avec son *Moi supérieur.*

Ne t'attaches pas aux fruits de la Terre, mais recherche la rose d'Eternité"

Quand tu es attaché, identifié aux situations, cela signifie que tu recherches uniquement les fruits de la terre, tu n'accordes de l'importance qu'à ce qui est terrestre. Pour l'un c'est l'orgueil, pour l'autre l'avidité ou un autre trait. Ce sont les fruits de la terre, ils sont mortels et vont passer. Si tu veux passer avec eux, accorde leur de l'importance. Mais si tu veux retrouver la source de ta véritable origine, c'est une autre fleur, la fleur des mystiques, la rose qu'il faut chercher. Cherche quelque chose de plus subtil que les fruits, cherche le parfum de la rose, ne te contente pas des formes extérieures, cherche les choses invisibles

Je veux t'enseigner
"La Prière"

> O Fille de la Terre
> Je veux t'enseigner
> La Prière
> Elle est la source de tes origines
> Et le guide de ton avenir
> Elle est la mémoire des hommes
> Et le livre des dieux
> Qu'elle te soit
> Une louange d'Éternité

"Je veux t'enseigner la prière, elle est la source de tes origines..."

La vraie prière est ce moment qui relie l'homme à son Créateur. Voilà le sens de la prière. La source de tes origines, c'est ce lien qui existait au début, au moment de la création, entre le Créateur et sa créature. Ce lien est le *Créateur*.

"Et le guide vers ton avenir"

L'avenir n'existe que si on retrouve le chemin de son Créateur, le chemin de ce qui est supérieur à soi, ce dont on est issu. L'avenir et le passé sont deux mêmes choses, et si entre les deux on perd complètement le lien, on se perd soi-même et on disparaît.

"Elle est la mémoire des hommes"

La mémoire des hommes est la seule chose qui puisse durer. Et en l'être humain, seule la mémoire lui permet le lien avec celui qui est appelé *l'Eternel,* celui qui n'a ni de début ni de fin, et tout le reste passe. Si ce lien de la prière entre le Créateur et la créature n'est pas conservé, la mémoire disparaît.

" Et le livre des dieux... "

La prière est également la possibilité pour les dieux de la lecture de la vie humaine et des destins humains. C'est par la prière, par ce lien particulier, cette mémoire particulière que les dieux, c'est-à-dire les êtres spirituels plus évolués, restent en contact avec les êtres humains moins évolués. Les dieux représentent non seulement le Créateur, mais tous les êtres qui se situent sur l'échelle de la création entre Dieu, l'Absolu, et l'être humain. Quand un être humain essaie de se relier à l'Absolu par la prière, tous les esprits supérieurs ont la possibilité de lire dans ce lien qui est cette mémoire des hommes.

" Qu'elle te soit une louange d'Eternité "

L'être humain est tombé bas et la prière peut être quelque chose de joyeux puisqu'elle permet de tisser à nouveau le lien entre ce qui est tout en haut et ce qui est tout en bas. L'être humain perdu dans le temps qui passe et qui, lui aussi, passe avec le temps, a la possibilité de retrouver ce chemin vers ce qui est éternel, vers *l'Eternel*. Et à chaque fois, quand il prie, l'homme a la possibilité de reprendre ce lien avec ce qui est plus grand, plus beau, plus vrai, plus vivant, avec l'Eternité.

La prière, telle que je l'entends, est vraiment un acte de relation entre toute la création, entre ce qui est plus bas et ce qui est plus haut et avec tout ce qui est intermédiaire. Voilà l'idée de la prière : prendre conscience de ce rayon de la Création sur lequel se situent tous les êtres. La prière est une espèce de rappel de la situation de l'homme, de son évolution possible, de ce retour possible vers ce qu'il a perdu. C'est un des moyens de retrouver le contact ou au moins de se le dire. La prière est un moyen de *rappel de soi*. Mais je ne sais pas si je parle de la prière telle que la comprennent la plupart des religions.

En réalité, pour nous, la prière est un acte de tous les instants, puisque nous essayons à chaque instant d'être reliés à quelque chose de supérieur. La prière, ce ne sont pas des mots, mais un état d'esprit et une attitude qui parfois devient même extérieure. A ce moment-là, elle peut se manifester en mots, en gestes et en action à la manière des soufis qui disent qu'il faut, à chaque instant, se souvenir du nom de Dieu et être conscient de sa respiration parce que la respiration est ce qui relie aussi à Dieu ou à l'Absolu. Donc chaque respiration est une prière.

Les prières faites de demandes d'ordre matériel

On finit par obtenir ce qu'on demande en prière. Malheureusement, celui qui prit pour demander me fait penser à ces gens qui passent leur temps à la recherche de la meilleure façon de gagner davantage, dans leur commerce, avec leurs actions, etc. Il est vrai qu'à force de penser à cela, ils finissent par arriver à leur but. Pour moi, il n'y a aucune différence entre celui qui prie pour demander quelque chose et le matérialiste constamment préoccupé par l'argent. Ce dernier ne sait pas qu'il est en train de prier !

Une situation analogue est celle des gens obsédés par la peur de la maladie ou de l'accident, que ce soit pour eux ou l'un des leurs. Un jour, ils auront tellement eu peur que cela arrive, que cela finira par arriver. C'est pour cette raison que les prières arrivent parfois à se réaliser. Il suffit d'assez de persévérance, d'intensité surtout, et de répétition dans la pensée.

La prière véritable : un changement intérieur

Il faut comprendre qu'une prière qui n'est pas accompagnée d'un changement intérieur et d'une action extérieure est dépourvue de sens. Au contraire, une telle prière rend pire. Et tous ceux qui vont prier dans les temples, les mosquées ou les églises et en ressortent sans avoir changés intérieurement ni décidé de changer leurs actes, sont pires qu'en entrant. Si vous priez, veillez à ce que la prière vous transforme intérieurement, qu'elle vous aide à changer votre caractère et votre comportement.

Les groupes de prière

Des gens, réunis en groupe, prient pour que les autres guérissent ou pour que la guerre s'arrête quelque part dans le monde. Ces interventions ne sont pas du niveau des gens qui prient ainsi. Ces personnes ne sont ni au niveau où elles sont capables de provoquer des guerres, ni au niveau où elles sont capables de les arrêter. Ces personnes ne sont pas des Sages et elles veulent intercéder pour nous ! Ces choses sont aux mains des "dieux", les maîtres du karma.

Dans la plupart des religions, les prières sont, soit des moments de réunion où l'on essaye tout simplement de se relier au monde spirituel, soit des prières pour assumer la vie, sans plus. Dans la vraie prière on demande la force d'assumer son destin. Mais toutes les prières qui sont des demandes tentent l'ego, même si ces personnes s'appellent "spirituelles" ou "charismatiques". Actuellement, la mode est aux prières de "captation". Des personnes écrivent toutes sortes de livres, bien qu'elles n'aient pas encore commencé à comprendre le vrai sens de la prière. Tous ces gens sont encore au niveau égoïste le plus bas malgré les beaux sentiments dont ils parlent tout le temps. Ils n'ont rien compris ! Cela n'empêche pas qu'elles fassent des choses très intéressantes et très bonnes par ailleurs, mais pas en ce qui concerne le spirituel et la prière !

Il y a encore un autre aspect. Ces gens-là ne savent pas qu'il existe des entités spirituelles qui attendent de voir des gens se rassembler pour prier afin de pouvoir utiliser ces énergies à leurs propres fins. Elles ont pour but justement de détourner un karma de l'individu, ou un karma d'une partie de l'humanité. Ces gens ne connaissent pas les forces lucifériennes ou ahrimaniennes ou les asuras. Ils ne connaissent rien à toutes ces choses-là.

Demandez la force pour vous et pour ceux qui souffrent. Demandez-la, c'est tout ce que vous pouvez faire, et surtout ne vous mêlez pas du karma des autres. Vous avez déjà tellement de mal à assurer, à assumer le vôtre. Avoir du cœur, ce n'est pas prier, mais agir pour l'autre. Les vrais sentiments sont ceux qui se manifestent réellement. J'ai été élevé et éduqué par les Jésuites. Je sais trop combien on peut passer de temps à prier, pour ne rien faire, pour n'avoir pas à intervenir. Je connais trop ces assemblées charismatiques ou d'autres qui se rassemblent pour prier pour la paix dans le monde et qui ne disent pas bonjour à leur voisin, et un tas de choses semblables. Le *Chemin*, c'est d'abord ce qu'on a fait en soi, c'est tout ce Travail sur soi. Votre cheminement est votre vraie prière.

Je pense qu'il faut toujours ajouter le raisonnement le plus sain possible à tout ce qu'on peut entreprendre. Dans le domaine spirituel il faut avoir réellement des connaissances, beaucoup de connaissances avant de pratiquer. Si le monde pouvait être sauvé par la prière, il le serait. Ils ont déjà tellement prié dans les églises et dans les temples et partout ailleurs et pourtant, en sortant, ils ont vu la guerre ! Les armées prient même quand elles partent à la guerre. Les Allemands, à l'époque, avaient écrit sur leurs ceinturons : "Gott mit uns". Ils partaient à la guerre et croyaient que Dieu était avec eux. C'était leur prière et ils avaient tous raison, parce que c'était des dieux différents tout simplement qui entendaient ces prières, réellement des dieux différents dans le sens mythologique du terme. Il existe des entités spirituelles différentes. Il y a des entités guerrières, il y a des êtres ahrimaniens qui ne se nourrissent que de la haine des uns pour les autres. Ces entités existent et les gens qui disent "Dieu avec nous" ne savent même pas à quel dieu ils s'adressent ! Certainement pas à celui auquel ils croient s'adresser mais d'autres entités astrales ou spirituelles peuvent être présentes. Il faut être terriblement méfiant. En tout cas, il y a une grande différence entre les nombreuses formes de prières.

Tout effort que vous faites peut sauver un enfant qui souffre, peut soulager une souffrance quelque part. Mais que "vous" le dirigiez vers telle ou telle personne, c'est une autre affaire. Que vous produisiez une force que Dieu utilise pour soulager quelqu'un, cela est possible parce qu'il a besoin des hommes et qu'il les aiment vraiment. Dieu utilise la force que vous produisez, l'énergie que vous produisez à travers votre Travail ou votre prière, mais que *"sa volonté soit faite et non pas la vôtre"*. C'est cela la vraie prière. Là où tous ces gens se mêlent d'agir pour une cause ou pour une autre, il y a un danger nouveau. Il faut se demander : "Mais pour qui se prennent-ils ? "

Partout, il y a des gens sincères. Pourtant ces gens qui peuvent être réellement profonds, font plus de mal que de bien. Mais je vous parle ici de la technique de la prière, je ne vous parle pas des gens qui l'utilisent. Pour moi ces gens sont simplement des ignorants, et Jésus-Christ a dit : *"Père, pardonne-leur car ils ne savent pas ce qu'ils font"*. Ces gens sont souvent des idéalistes, des gens de bonne volonté. Mais il est vrai qu'ils ne se connaissent pas eux-mêmes, ils ne savent pas comment cela se passe. C'est pour cette raison qu'ils ne sont pas condamnables de toute façon ! Parmi ces gens sincères ou idéalistes, de bonne volonté, attirés par ces groupes de prière, certains n'ont peut être pas de centre magnétique. Mais il peut y avoir d'autres raisons qui sont des raisons karmiques, pour lesquelles ces personnes sont réunies là. A vous de voir clair, je suis simplement ici pour vous transmettre une connaissance - c'est le minimum que je puisse faire pour vous - et pour qu'ensuite vous y réfléchissiez, que vous pensiez à quelque chose de vrai.

Une histoire de Maître de Faria

Un jour arrive près de Maître de Faria - je ne sais plus à quelle religion il appartenait - le rabbin, le pasteur, le curé ou l'imam... Un de ceux-là arrive et il voit Maître de Faria à genoux à côté de son âne. Son âne était mort depuis deux jours et depuis deux jours il était à genoux à côté de l'âne, il priait, il suppliait, il pleurait au point que les villageois sont allés chercher le pasteur, curé, rabbin, imam... Ils sont allés le chercher et lui s'est approché de Maître de Faria en lui disant : "Qu'est-ce que tu fais là, tu blasphèmes, tu sais bien que ton âne est mort et tu n'arrêtes pas de pleurer sur lui". Et Maître de Faria lui dit : "C'est toi qui blasphèmes, tu sais bien que dans toutes les Bibles, tous les Corans, dans tous les Evangiles il est écrit que lorsque quelqu'un prie Dieu, Dieu répond toujours". Et là, l'imam, rabbin, curé, pasteur... ne savait plus quoi lui répondre puisque c'est écrit. Il l'a laissé tranquille et il est parti. Et l'autre continuait à prier, à pleurer pour que Dieu ressuscite son âne.

Trois jours après l'imam, curé, pasteur, rabbin... revient et il voit maître de Faria assis dans un coin, prostré. Alors il lui demande : "Mais qu'est-ce qui ne va pas ?" Et maître de Faria lui dit : "Dieu m'a répondu, il a dit non".

C'est une histoire pour tous les planeurs... Vous savez il y a un tas de gens qui sont dans les nouvelles églises charismatiques, ils prient Dieu et pensent que Dieu va résoudre tous leurs problèmes, mais Dieu répond toujours, ça ne fait aucun doute, parfois il répond oui, parfois il répond non.

Je veux t'enseigner
" L'Expérience spirituelle véritable "

O Fils de la Terre
Je veux t'enseigner
L'Expérience spirituelle véritable
Et non pas l'illusion
Qui te laisse semblable
A ce que tu étais
Celui qui a connu
Un moment d'Eternité
N'est plus semblable à lui-même
Car un germe d'Immortalité
A métamorphosé
L'animal en Ange

**" Je veux t'enseigner l'expérience spirituelle véritable
et non pas l'illusion..."**

Le pire des mensonges - sous la forme de l'illusion - est le mensonge spirituel qui conduit à entrer dans des mondes spirituels qui ne sont pas adaptés à l'être humain, dans l'anthroposophie on parle de la 8e sphère.

**L'expérience spirituelle véritable,
celle qui vous rend réellement meilleur**

L'indice de la véritable expérience spirituelle, est qu'elle vous transforme, elle vous rend meilleur, réellement meilleur. Elle change l'animal - celui qui porte tous les traits du caractère - en ange. L'ange n'est plus que le porteur et le reflet de l'Amour.

Toute expérience *spirituelle véritable* conduit nécessairement à un changement. Elle ne vous transforme pas nécessairement totalement, mais elle met en vous au moins le germe de la transformation, c'est-à-dire quelque chose qui ne vous quittera plus jamais. Lorsque la Vérité vous a touché, ne serait-ce qu'un tout petit peu, elle ne peut plus jamais vous quitter. Ensuite, le temps joue un rôle important. Il faut le temps d'accepter la vérité et de se mettre peu à peu à vivre avec elle, en accord avec ce que vous avez compris, avec l'expérience que vous avez faite, ne serait-ce qu'une fois, d'un instant d'Eternité. Vous avez touché la Vérité un instant, vous savez qu'il existe une dimension supérieure et que rien n'est plus important. En vous entrent alors des influences qui vous transforment, votre véritable Moi se structure, se fortifie. Pourtant, il se peut que dans votre vie, malgré des expériences de ce type, vous continuiez encore pendant longtemps à vivre comme si tout le reste avait plus d'importance : tout ce qui nourrit votre vanité, votre orgueil, votre avidité... Il y a ce temps entre le moment où le germe est déposé en vous - le moment de l'expérience spirituelle véritable - et la véritable métamorphose qui se produit le jour où vous arrivez à dépasser la volonté de l'animal en vous, la volonté des traits du caractère en vous.

La métamorphose : un processus lent

Et la métamorphose est un processus lent, au cours duquel il faut d'abord s'envelopper dans une espèce de cocon pour en ressortir différent. Les influences du monde ordinaire continuent à nourrir perpétuellement l'animal, c'est-à-dire les traits. L'expérience spirituelle a besoin d'être enfermée et protégée pour ne plus être atteinte par ces influences ordinaires. Le cocon est l'élément protecteur nécessaire qui protège du monde extérieur, il permet la métamorphose.

Le cocon protecteur :
toutes les formes de pratique de l'Enseignement

On se protège à travers toutes les formes de pratique de l'*Enseignement*. Dès que vous entrez dans quelque chose qui appartient à l'*Enseignement,* c'est comme si vous entriez dans ce cocon protecteur, et le temps que vous y restez est le temps de la métamorphose. Dès que vous en sortez, la métamorphose est interrompue, dès que vous y entrez à nouveau, elle se produit à nouveau. Chaque fois le germe s'en trouve nourri, jusqu'au jour où il n'est plus besoin du cocon de l'*Enseignement*, parce que vous êtes réellement devenu vous-même, vous avez atteint vous-même le niveau supérieur où vous n'êtes plus dépendant de ce cocon. On dit que le but de la *4eVoie* n'est pas de former des élèves, mais des maîtres qui, un jour, ayant utilisé le cocon protecteur de l'*Enseignement* contre le monde ordinaire et contre les traits de leur propre caractère, peuvent briser le cocon et être totalement libres, même dans le monde extérieur.

La métamorphose : un processus douloureux.
Une chenille devient papillon...

Ce qui signifie bien - et c'est là une compréhension réelle de ce que représente l'*Enseignement* - que chaque fois que vous entrez dans une forme ou l'autre de l'*Enseignement*, même si c'est chez vous en prenant un livre, en chantant une stance, en pratiquant une méditation ou toute autre forme de Travail, c'est comme si vous entriez dans le cocon : pendant ce temps-là une période de métamorphose a lieu en vous. Des périodes plus intensives peuvent être des périodes de stages. Vous entrez davantage dans ce cocon où le Travail - la métamorphose - se fait. Parfois elle peut être agréable et d'autres fois non, parce qu'elle vous transforme. Vous étiez une chenille rampante et la métamorphose veut faire de vous un papillon. Imaginez le passage de la chenille

COMMENTAIRES INITIATIQUES DU CHANT DE L'ETERNITE

au papillon, tout ce qui doit être arraché à la chenille, tout ce qui a doit être bouleversé, remodelé en elle pour qu'elle devienne papillon... C'est un processus douloureux. C'est là une image du Travail : une nature inférieure qui se métamorphose en quelque chose de merveilleux, un papillon léger capable de voler.

"Celui qui a connu un moment d'Eternité n'est plus semblable à lui-même, car un germe d'Immortalité a métamorphosé l'animal en ange".

Une fois que le germe est implanté, ce n'est plus qu'une question de temps. Celui qui a été touché réellement par un *Enseignement* spirituel finira, dans cette vie ou dans une autre, par devenir cet être à un niveau supérieur. Mais l'avantage de la *4e Voie* est qu'elle permet d'y arriver en une vie.

Tant que vous n'êtes pas arrivé à la maîtrise, tant que vous n'êtes pas un maître, vous êtes dépendant d'un *Enseignement*. La véritable liberté n'existe que lorsque l'*Enseignement* est entièrement intégré. Alors vous n'en avez plus besoin, il est devenu vous-même. Le cocon protecteur est devenu inutile, vous êtes capable de vous protéger vous-même.

La réalité de l'expérience spirituelle :
L'observation dans l'instant

Il existe une méthode pour vous observer : *la méditation.* Vous vous asseyez, vous fermez les yeux et vous observez votre corps physique, votre respiration, vos pensées, vos douleurs, vos émotions, votre ennui... Observez dans l'instant.

C'est cela l'expérience spirituelle véritable et non pas toutes les illusions que vous enseignent toutes les religions du monde, toutes les spiritualités qui ne sont qu'imitation de choses anciennes. Vous reconnaissez l'expérience spirituelle véritable au fait qu'elle vous transforme totalement, vous ne redevenez plus jamais le même.

L'expérience spirituelle véritable fait de vous quelqu'un de meilleur, de plus clair dans sa pensée, de plus purifié dans ses émotions et qui fonctionne mieux physiquement. Si ce n'est pas le cas, ce que vous avez vécu et que vous croyez être une expérience religieuse ou spirituelle, a été une expérience émotionnelle et rien d'autre. Même si vous avez rencontré Jésus-Christ ou le Bouddha ou Mahomet ou Moïse, c'est faux.

En vous, l'élément terrestre a été transformé et l'ange, l'élément immortel, a été éveillé. L'élément inférieur est dépassé, l'élément supérieur est né. Voilà à quoi conduit l'observation, à la réalité de l'expérience spirituelle. Cela prend du temps, des heures, des jours, des semaines, des mois et des années. Tout le reste n'est qu'expérimentation qui n'est en rien spirituelle, qu'on peut appeler peut-être religieuse, mais qui en réalité n'est qu'émotionnelle et qui n'a rien de spirituel et rien de supérieur.

Jésus-Christ, le Bouddha..., ne se manifestent ni dans un esprit ni dans une âme non purifiés. Même Moïse ne pouvait regarder le Dieu d'Abraham en face. Dans le Zen on dit : "Si le Bouddha vous apparaît, tuez-le", parce qu'on sait que c'est une image. Chassez et les démons et les dieux et vous aurez peut-être une chance d'avancer vers Dieu, vers ce qu'Il est vraiment.

Je veux t'enseigner
"La guérison"

> O Fils de la Terre
> Je veux t'enseigner
> La guérison
> Celle du corps
> Qui fait danser les paralytiques
> Et chanter les muets
> Celle de l'âme
> Qui purifie les dévoyés
> Et rend joyeux les attristés
> Elle est cette force qui s'écoule
> De ton cœur vers tes mains

Cette stance est la toute première que j'ai transcrite. J'ai dit la même chose à propos de la stance *La Compassion et le Réconfort*. Les deux ont été transcrites le même jour, ce sont les mêmes et l'une complète l'autre.

Dans un premier temps, la stance de la guérison est facile à comprendre. Elle parle de guérison, elle guérit le corps qui est malade et elle guérit l'âme. L'âme est malade à partir du moment où elle est dévoyée, c'est-à-dire à partir du moment où elle a quitté la *Voie*. L'âme quitte la *Voie* quand elle s'est engagée sur, ce qu'on appelle dans les spiritualités, le chemin de la perdition qui est le chemin de la matérialisation, de la densification de l'âme. A ce moment-là l'âme devient totalement terrestre, totalement matérielle et dévoyée. Et la *Voie* de l'âme c'est le développement et la structuration de cette âme, c'est l'*essence*, la croissance de l'âme.

" La guérison de l'âme qui purifie les dévoyés et rend joyeux les attristés "

Celui dont l'âme est dévoyée parce qu'il a quitté la *Voie* devient de plus en plus triste car seul son corps est nourri. La poursuite des désirs simplement à des satisfactions matérielles et terrestres finissent tous par la tristesse et le désespoir, la mort et finalement la disparition.

Ensuite il y a un deuxième degré à cette stance.

" Je veux t'enseigner la guérison, celle du corps qui fait danser les paralytiques "

La guérison du corps qui fait danser le paralysé en soi, cette *essence* qu'on laisse enfouie sous les voiles et qui est incapable de bouger. Or l'*Enseignement* veut enseigner à cette âme à pouvoir se relever à nouveau, à pouvoir danser.

" A faire chanter les muets "

En générale, l'âme est étouffée sous les voiles du conditionnement, sous les voiles de la mauvaise ou de la bonne conscience. Or l'*Enseignement* veut lui rendre la parole.

" Elle est cette force qui s'écoule de ton cœur vers tes mains "

A partir du moment où cette âme s'éveille et où on lui permet à nouveau de s'exprimer, la véritable guérison va, elle aussi, s'exprimer. Et la véritable guérison c'est justement celle qui naît dans l'âme et qui ensuite s'exprime, se manifeste extérieurement, c'est-à-dire qu'elle part du centre médian, le cœur et l'âme, pour aller vers le centre du mouvement, pour se manifester dans le monde.

Voilà le sens de la véritable guérison pour soi-même d'une part, car cela permet à chacun de compenser toutes ses dettes passées en agissant, pas seulement dans le monde extérieur, mais de l'intérieur vers l'extérieur, du cœur vers les mains et, en même temps, chacun se situe à ce moment-là au-delà de lui-même dans le Travail, le Travail pour l'évolution des autres, la guérison des autres et la guérison de la Terre et de l'Humanité. Ainsi se manifeste la guérison, dans le sens de l'âme vers les mains.

Et en même temps cette stance fait allusion à quelque chose de beaucoup plus important, elle fait allusion à l'écriture de la plupart des stances. Elle est écrite comme un médicament et évidemment avant tout comme un médicament de l'âme. Ces stances corrigent un défaut de l'âme ou une maladie de l'âme. On pourrait très bien suivre un chemin spirituel à travers les stances. En appliquant une stance après l'autre, on éveillerait totalement son âme et naturellement il y aurait un équilibre dans le Travail intérieur et dans la manifestation extérieure des attitudes nobles. Le *Chant de l'Eternité* est avant tout un manuel thérapeutique de la guérison de l'âme. Mais sa source est encore différente.

Au cours de l'un de mes voyages au Kafiristan, je rencontrais pour la première fois celui qui allait devenir mon ami et mon Maître, le Scheikh soufi, *Pir Kejttep Ançari*. Il m'enseignera, entre autres choses, les techniques de guérison des Derviches. J'étais le premier et resterai le seul occidental à recevoir l'*Initiation* par lui. Il me transmit la *Baraka* afin qu'à mon tour je la transmette à l'Occident. Lorsqu'il m'en parla pour la première fois, je me rappelai les paroles d'un autre grand sage appartenant à la tradition du bouddhisme tibétain Padmasambhava : *"Quand les oiseaux de fer voleront, le Dharma ira en Occident"*. La prophétie est aujourd'hui en train de se réaliser.

Accueilli dans le monastère où le Maître s'était retiré pour passer les dernières années de sa vie, au milieu de disciples sévèrement sélectionnés et dans le plus grand secret, je commençai un apprentissage considéré comme le plus ésotérique. Dans ce livre, je vous transmets l'une des techniques derviches telle qu'elle m'a été transmise par mon Maître et telle qu'il m'a autorisé à la révéler. Qu'entre vos mains, elle soit un instrument de guérison à la gloire de l'Eternel.

Ma formation fut celle de l'esprit, du cœur et du corps. Un entraînement extrêmement rigoureux devait conduire les étudiants présents à une maîtrise parfaite de leurs différents centres : intellectuel, émotionnel et physiques. Je décris dans d'autres ouvrages les exercices qui mènent à la maîtrise des pensées, ceux qui permettent une purification des sentiments et des émotions et enfin ceux qui, comme dans les formes d'un yoga physique, mènent à une utilisation consciente de l'énergie sexuelle - du centre sexuel - de la respiration, de la circulation sanguine, de l'assimilation des aliments, des glandes hormonales - du centre des instincts - et enfin des mouvements et des attitudes extérieures - du centre moteur. Le but de cet entraînement occulte était de transformer l'homme ordinaire en "homme parfait" selon le mot de la Tradition.

Les études théoriques et pratiques étaient suivies d'épreuves - on dirait aujourd'hui des tests ou des examens - qui révèlent le niveau atteint par l'élève. Selon la *Tradition*, il faut 33 années (2 fois 16, plus 1 an) pour arriver à cet état et à la maîtrise parfaite *de "l'art de guérir"* le corps et l'âme. Les Hakims - c'est ainsi qu'on nomme ces guérisseurs du corps et de l'âme - m'ont immédiatement fait penser aux confréries de guérisseurs de l'époque de *Jésus de Nazareth*, les *Esséniens*.

La nuit du jeudi au vendredi, le monastère accueillait plusieurs dizaines de malades qui venaient, pour certains, de pays très lointains : pendant mes séjours, j'ai vu défiler à côté des paysans du Kafiristan, des princes hindous, des hommes politiques chinois ou russes, des imams et des dignitaires iraniens, un magnat du pétrole saoudien, etc. Tous étaient atteints de maladies qu'on disait incurables.

Le *"Pir Hakim"* - *Pir* signifiant vieux : à cette époque, en Orient, la vieillesse était encore synonyme de Sagesse -, le Maître dont j'étais devenu le disciple, était entouré de neuf autres thérapeutes et recevait d'abord les malades dans une grande salle toute blanche, éclairée par des lampes à huile qui illuminaient le lieu d'une douce et paisible lumière. Sur le sol était dessinée cette figure particulière que les initiés appellent *"le signe de Dieu sur Terre"*, l'ennéagramme. A chaque angle l'un des neuf *Hakims* se tenait debout. Le Maître était assis sur une peau de mouton blanc, au milieu du triangle central. C'est auprès de lui qu'un assistant conduisait d'abord chaque malade. Après l'avoir salué avec le plus grand respect et avoir déposé leur don à ses pieds, les patients s'asseyaient sur leurs talons, face au Maître qui prenait leurs mains entre ses mains pour ensuite leur souffler sur le front selon un rituel millénaire appelé *"Tcheff-Hu-Hakim"* (le souffle du médecin de Dieu). Puis il lui murmurait à l'oreille les quelques paroles qui devaient le guérir. Le patient était ensuite relevé et conduit vers l'un des neufs autres *Hakims* que lui désignait le Maître. Le *Hakim* répétait alors les mêmes gestes que celui-ci, puis chantait les paroles de guérison avec le malade jusqu'à ce qu'il fut assuré que celui-ci les avait bien mémorisées. Le patient était ensuite conduit auprès du mur circulaire où il s'asseyait en continuant à psalmodier les paroles qu'il avait reçues. Les malades grabataires étaient amenés auprès du Maître, portés par les assistants, puis étaient allongés près des mêmes murs. C'est ainsi que la salle se remplissait du murmure des multiples mélodies qui jamais ne devenaient cacophonie comme on aurait pu le craindre ; au contraire, plus la nuit avançait plus mon impression d'une immense présence, d'une immense force sereine devenait forte. C'était comme si tout devenait à la fois plus pur, plus calme et plus dense : l'air, la lumière, les mélopées, et même le temps qui passait !

De nombreux patients finissaient par s'endormir mais les *Hakims*, une fois que tous les malades étaient assis ou allongés le long des murs, continuaient à réciter et à chanter les stances sacrées et cela jusqu'au lever du jour. C'est alors que les malades qui, sans exception, avaient fini par s'endormir, étaient réveillés par les *Hakims*. Ils leur touchaient l'épaule en leur murmurant quelques mots à l'oreille : la plupart d'entre eux semblaient sortir du sommeil le plus profond, et j'avais chaque fois, quant à moi, l'impression d'être dans un de ces *temples du sommeil et de la guérison* de l'antiquité grecque comme si j'avais reculé dans le temps.

Tous les malades étaient calmes et, voir se lever même les grabataires semblait normal, alors que c'était une chose extraordinaire ! Une joie sereine et une gratitude profonde semblaient illuminer tous les visages. Tous n'étaient ni toujours, ni complètement guéris, mais chacun semblait avoir été visité par un ange au cours de la nuit : un ange qui, pour le moins, lui avait fait don de la joie de vivre, et peut-être était-ce pour ceux qui n'avaient pas encore été guéris, le début du processus de guérison qui prendrait encore plusieurs jours ou plusieurs mois. C'est en tout cas ce que m'expliquait mon Maître.

Les assistants venaient ensuite chercher les malades pour les diriger vers une autre pièce où on leur servait un repas avant de les reconduire aux portes du monastère, non sans leur avoir donné les avertissements de coutume : ne jamais et sous aucun prétexte parler des méthodes utilisées par les *Hakims*, sous peine de voir immédiatement revenir leur maladie qui, cette fois-ci, s'avérerait définitivement incurable. On leur expliquait également que les forces de guérison - la *Baraka* - qui leur avait été transmises poursuivraient leur action pendant plusieurs jours et que par elles, ils étaient reliés au Maître vivant, *Pir Kejttep Ançari*, au Maître de celui-ci, au Maître de son Maître et par eux, à la chaîne de tous les Maîtres (Silsila) jusqu'à l'Adam du début des temps et ainsi, par Adam, à Dieu lui-même.

Malgré ces indications, aucune recommandation religieuse n'était faite au malade ; on ne lui demandait même pas d'être croyant ; cela contrairement aux nombreuses techniques de guérisons religieuses ou spirituelles qui exigent la conversion comme prix de la santé : ici aucune propagande.

Mon Maître, peu avant sa mort, m'a écrit :

"Transcris peu à peu *Le Chant de l'Eternité* ; ce sera un livre de stances que tu feras lire, puis réciter, et enfin chanter. Tu observeras, comme je te l'ai enseigné, les effets de leur lecture, de leur récitation et de leur chant sur le corps, sur le cœur et sur l'esprit. Mais tu observeras surtout leurs effets sur l'âme et l'*essence* spirituelle des hommes. Tu comprendras que chacune de ces stances est un médicament (*). Dans certaines maladies, elles seront plus efficaces que les plantes médicinales et que les remèdes minéraux, plus efficaces même que la plupart des remèdes inventés par les hommes. Alors seulement tu écriras un deuxième livre : celui des paroles qui guérissent."

Que la force accompagne tous ceux qui liront cet ouvrage et, si les forces des hommes ont des limites, qu'on *se rappelle* qu'à l'*Eternel* il n'est rien d'impossible.

C'est maintenant le moment pour moi de signaler aux lecteurs que depuis cette époque, le Maître est mort dans la paix de l'*Eternel*, et que malheureusement la plupart de mes amis *Hakims* ont été torturés et tués par des fanatiques religieux dont parlent tant les médias occidentaux. Il ne se passe pas un jour sans que

193

mon esprit ne *"se rappelle"*. Ces thérapeutes sont tous morts. Leur histoire est celle-ci :

Au moment où l'Afghanistan est devenu communiste et où le gouvernement afghan a demandé l'aide de l'armée russe pour mater tous les afghans un peu rebelles, mes amis ont été persécutés d'abord, une partie a été tuée par l'armée russe et une autre partie s'est enfouie. Ils se sont réfugies dans plusieurs pays, ils ont fini par habiter au Maroc où ils sont restés quelques années. Et au moment où l'armée russe a quitté à nouveau l'Afghanistan, malgré les conseils qui leur ont été donnés de ne pas retourner dans ce pays, ils y sont retournés et... le Maître est mort, tous ceux qui sont retournés ont été pour certains torturés puis tués et les autres massacrés très rapidement par les fanatiques religieux qu'on appelle les talibans.

La technique la plus utilisée par eux, la technique de guérison la plus importante, c'est la technique par le *souffle*. Toute vie est contenue dans le souffle, le souffle c'est la vie. L'art de l'utilisation du souffle est le plus important de tous dans les techniques taoïste, dans le zen... Les techniques du souffle agissent énormément sur la façon de penser, sur les émotions évidemment, sur le corps physique aussi.

---

*médicament : soigner par l'esprit, du latin médicare = soigner, mens = esprit

Je veux t'enseigner à
"Recevoir la Force"

"O Fils de la Terre
Je veux t'enseigner
A recevoir la Force
Elle est la résolution
De tous les problèmes
Elle est le Chemin
Qui mène à l'Immortalité
Sache pourtant
Qu'elle vient à celui
Qui tel l'assoiffé
A l'agonie dans le désert
N'a plus qu'un seul désir
Elle est l'eau qui jaillit
De la source de l'Eternité

Cette stance exprime ce que nous dit le proverbe : "*Aide toi, le ciel t'aidera*". Si tu ne t'aides pas toi-même, le ciel ne t'aidera pas. La force vient à celui qui a utilisé la sienne. Plus il utilise la sienne qui est épuisable, plus lui vient cette force qui est inépuisable. La force du *Chemin* vient à celui qui, du point de vue du *Chemin* et pour le *Chemin*, a utilisé sa propre force. Par contre, s'il a utilisé toutes ses forces à autre chose que le *Chemin*, il est peu probable que cette force lui vienne.

De plus, il faut vouloir la force comme un assoiffé dans le désert, la vouloir vraiment, absolument. Ce qui signifie qu'il faut arrêter de vouloir autre chose, tout ce que les traits de caractère portent à vouloir. Moi, je trouve la stance globalement décourageante, parce qu'elle pose les conditions : *"la force vient à celui qui tel l'assoiffé à l'agonie dans le désert n'a plus qu'un seul désir".*

Donc elle vient à celui qui n'a plus d'autres désirs. Sa volonté, son vouloir, ses désirs, ce sont le *Chemin*. La force réelle ne peut pas venir à celui qui est encore mu par les désirs de sa fausse personnalité ou même de sa personnalité. La force dont il est question ici, celle qui résout tous les problèmes, est la force qui vient à ceux qui sont les véritables représentants du *Chemin*. Le *Chemin* est devenu l'essentiel de leur vie, leur priorité intérieure, mais bien plus que cela, il est devenu également leur priorité extérieure. Cette force-là est très particulière, elle s'adresse à quelque chose qui est au-delà de ce que l'on demande à l'homme ordinaire sur le *Chemin*.

A tous ceux qui sont engagés dans la *4eVoie*, on propose d'être intérieurement axés sur le *Chemin*, sur la vérité tout simplement, sur leur propre évolution. Le *Chemin* devient leur priorité intérieure. Mais extérieurement ils sont encore dans le monde et peuvent être engagés dans toutes sortes d'actions de la vie familiale, professionnelle ou sociale. A ceux-là s'adresse une autre stance : *Recevoir la force des Maîtres,* alors que la force dont il s'agit ici est au-delà, elle n'est pas proposée à tout le monde de cette façon.

Cette stance représente simplement la situation de quelqu'un qui, non seulement intérieurement a compris le *Chemin*, donc a fait de la vérité la priorité de sa vie, la quête de sa vie, mais qui extérieurement aussi est au service du *Chemin*. C'est l'engagement que l'on demande très, très rarement et à très peu de gens, car il ne faut plus avoir de responsabilités professionnelles, familiales, il ne faut plus avoir de buts sociaux. Parfois, des gens assez jeunes peuvent vouer leur vie à cet enga-gement, mais c'est relativement rare. Sinon à un âge mûr - l'âge mûr commence à la retraite - on peut décider d'un tel engagement à condition de n'avoir plus de responsabilités familiales ou autres. Je fais la différence entre ceux qui doivent continuer à vivre au milieu de la famille, de la société - c'est le *Chemin normal* - et ceux auxquels s'adresse cette stance et dont le *Chemin* est un peu moins normal.

Mais il est vrai que tout le monde peut comprendre cette stance, essayer de se l'appliquer et de la vivre intérieurement, mais très relativement. Celui qui a fait de la quête de la Vérité et de lui-même la priorité de sa vie, peut encore très bien continuer à s'intéresser à tout ce qui se passe dans le monde, c'est-à-dire avoir une vie professionnelle et familiale normales. Et aussi, dans la mesure où intérieurement il est réellement voué à cette quête de lui-même, de l'Absolu, dans cette mesure-là aussi, la force lui sera donnée.

L'autre stance, "*Recevoir la force des Maîtres*", s'applique à tous les hommes et les femmes engagés sur le *Chemin* et pour celui qui cherche un résultat, ce sera suffisant.

O Fille de la Terre
Je veux t'enseigner
A recevoir la force des Maîtres
Une montagne même
Vacillerait sous sa puissance
Car seul un homme de la Voie
Peut la porter
Alors toi,
Deviens ce socle
Que rien ne peut ébranler

Elle s'adresse à l'homme de la *4eVoie*, dont on dit qu'il est essentiel qu'il prenne les forces dans l'*Enseignement*, mais qu'il les mette à la disposition du monde, de façon directe, dans sa vie professionnelle, familiale et sociale au delà de son cheminement personnel. Tout ce qu'il tire de ce cheminement, il le met au service de ceux qui l'entourent. Tandis que dans l'autre cas il s'agit d'une décision volontaire, mais qui est conditionnée par la possibilité de le faire. Quelqu'un qui a encore des enfants en bas âge ou qui est obligé de travailler pour survivre, ne peut pas le faire. A partir du moment où on en a la possibilité, cela devient une question de choix. En fait, il s'agit d'une décision consciente, d'un choix de mode de vie différent. Ceux qui peuvent faire ce choix sont rares, mais le nombre de ceux qui en ont la possibilité augmente avec l'âge. Dans notre société cela fonctionne ainsi. Seuls ceux qui sont arrivés à la retraite ou ceux qui sont suffisamment fortunés pour, à un moment donné, survivre grâce à leur épargne ou à leurs rentes, peuvent se consacrer à cela. C'est une question de délai. Et dans d'autres cas, dans les Ecoles, un *Maître* peut décider qu'une Ecole doit acquérir les moyens financiers pour engager des gens qui sont des permanents, pas des employés administratifs, mais de vrais permanents qui, à ce moment-là, vivent aussi dans ce cadre-là.

Il faut avoir la possibilité et ensuite la volonté, mais la possibilité conditionne la volonté. La possibilité raréfie déjà le nombre de personnes et ensuite c'est la volonté qui conditionne le tout. Beaucoup sont appelés, peu sont élus. On peut rêver les choses, mais après il faut tenir la route. Les gens qui travaillent dans le cadre normal de la *4eVoie*, s'ils en font le choix, sont parfaitement préparés à cela. Mais ce n'est pas quelque chose de nécessaire, ni d'obligatoire. Pour cette raison, ce choix ne dépend pas du niveau d'évolution.

Ouspenski en est un exemple. Il était écrivain, scientifique, journaliste, et un jour Gurdjieff lui a dit : "Maintenant ça suffit, il faut que tu ne fasses plus qu'une chose, que tu transmettes cet *Enseignement* en Occident". Et depuis ce jour-là, Ouspensky a arrêté toutes ses autres activités et a consacré sa vie à créer des groupes, à faire des conférences.

Il y a d'autres exemples. Gurdjieff a décidé de réunir autour de lui un certain nombre de personnes pendant une période, en leur disant d'arrêter tout le reste. Maurice Nicoll a fait cela pendant un moment. C'était un psychiatre, un psychanalyste de la première heure, il avait un cabinet qui fonctionnait très bien à Londres. Il a décidé, du jour au lendemain, de partir chez Gurdjieff à Fontainebleau avec sa femme et un petit enfant qui venait de naître. Son épouse participait aussi à l'*Enseignement* et payait une nourrice pour garder l'enfant. Ils sont restés quelques années à Fontainebleau jusqu'à ce que Gurdjieff renvoie tout le monde. Ce sont des exemples de gens qui ont arrangé leur vie en fonction de leur choix.

Cet engagement s'adresse surtout à des gens qui sont destinés à transmettre l'*Enseignement* mais il peut également concerner d'autres personnes. Il peut s'agir de quelqu'un qui s'occupe de nettoyer la maison, ou d'un intendant, un jardinier, un cuisinier, un musicien, un écrivain. Mais il faut la possibilité avant la volonté. J'imagine bien qu'il y en a quelques-uns ici, pas trop nombreux qui, immédiatement, s'ils en avaient la possibilité, feraient cela, parce qu'ils en ont la volonté ; mais les conditions du possible ne sont pas encore réunies. Les uns sont dans la vie professionnelle, les autres, même s'ils ont parfois des enfants qui sont déjà grands, ont encore un époux, une épouse ou d'autres responsabilités relationnelles. Je ne parle pas de ceux qui rêvent, mais de ceux qui ont une volonté de l'appliquer. Dans quelque temps nous créerons ici les bases de quelque chose qui pourra déboucher sur cela. Des gens commenceront à faire des formations beaucoup plus longues, sur un ou deux ans, des gens qui justement n'ont pas de responsabilités professionnelles ou familiales, qui pendant un ou deux ans pourront être dans le cadre de l'école à temps complet.

De la même façon un projet en cours pourrait déboucher sur l'ouverture d'une maison de retraite. Les gens qui travailleront dans cette maison de retraite seront des gens vraiment engagés. Et les résidants seraient uniquement ceux qui ont fait un cheminement spirituel. C'est une chose qui existe déjà un tout petit peu, mais qui manque beaucoup. Et cela n'est pas inconcevable hors du cadre tel que je l'ai expliqué.

C'était l'état d'esprit des Templiers du passé. On parle toujours des Templiers sans vraiment savoir qui ils étaient. En réalité, ils avaient cet état d'esprit. C'était des moines guerriers, des moines chevaliers, c'était des gens qui étaient engagés sur un *chemin intérieur* et qui étaient en même temps soit des chevaliers, soit des banquiers, soit des commerçants, ils avaient beaucoup d'activités diverses en réalité. Un jour nous pourrons faire cela aussi.

Je veux t'enseigner à recevoir
"La force des Maîtres"

O Fille de la Terre
Je veux t'enseigner
A recevoir la force des Maîtres
Une montagne même
Vacillerait sous sa puissance
Car seul un homme de la Voie
Peut la porter
Alors toi,
Fille de la Terre
Deviens ce socle
Que rien ne peut ébranler

Je veux t'enseigner
A recevoir la force des Maîtres

La chose la plus importante qu'un Instructeur ait à transmettre n'est pas l'*Enseignement* théorique, mais ce qu'on appelle la force. Dans les stances on l'appelle la *force des Maîtres*. C'est elle qui va faire d'un élève un initié ou un maître. On l'appelle aussi la chaîne de la transmission de maître à élève, ou de maître à maître. Et cela n'est possible que s'il existe un lien et si ce lien est de qualité.

Pourtant l'*Enseignement* théorique est important, parce qu'un minimum de connaissances théoriques est nécessaire pour que la transmission de la force puisse avoir lieu. Cette force, qu'on l'appelle la *baraka* ou *sirr,* ne peut être transmise sans un minimum de compréhension intellectuelle. L'autre aspect est la compréhension du cœur, le lien entre l'Instructeur et l'élève.

La *baraka* est la force transmise en fonction du niveau d'être de la personne ou bien en fonction d'une mission particulière. L'autre forme, qu'on appelle *sirr,* est beaucoup plus profonde encore. C'est elle la véritable force des Maîtres, celle qui relie les maîtres de tous les temps et tous les élèves véritables entre eux.

Sirr est la force de la transmission dont on a besoin pour arriver à la Réalisation en une vie et contrairement à la *baraka,* elle ne peut être transmise que si la relation de maître à élève est réellement établie, si le lien est de qualité, fondé sur une forme réciproque de respect, d'amour, d'affection, d'amitié, de dévotion.

Il y a des gens qui ont ce type de sentiment de façon naturelle. Chez d'autres, l'approche est d'abord plus intellectuelle, moins émotionnelle, et ce sentiment n'est pas présent au départ. Je parle des élèves évidemment. Chez les Instructeurs, ces sentiments existent nécessairement, ils sont habités par cette force. S'ils n'existaient pas en eux, ils ne seraient pas Instructeurs. Quand vous êtes habités d'une émotion négative envers un autre élève ou envers moi - peu importent les raisons -, aucune transmission n'est possible.

L'Amour, la clé de l'immortalité

La transmission de la Force n'est possible réellement qu'à partir du moment où vit en soi ce que les soufis appellent *la clé de l'immortalité : l'Amour.* Non pas ce sentiment qu'on connaît habituellement, mais un sentiment que nous allons essayer de définir. Je l'ai parfois défini comme la reconnaissance de la valeur d'une chose.

Cette transmission n'est pas une transmission verbale, il s'agit d'une communication des cœurs qui ne peut exister que si les cœurs sont reliés par l'Amour sous l'une ou l'autre de ses manifestations, différentes selon les individus : amour, affection, respect, etc. Tous ces mots n'en sont d'ailleurs qu'un pâle reflet, une expression très approximative. Si on n'est pas relié à un sentiment de ce type, la transmission ne peut avoir lieu, l'*Enseignement* reste à un certain niveau, il ne peut jamais aller au-delà. Il n'est possible à un Instructeur de conduire un élève au bout du *Chemin* qu'ils peuvent faire ensemble, uniquement si cette relation particulière existe.

La véritable force est cachée en vous, seul votre Travail vous permet de la réveiller. Si vous ne faites rien et si vous vous contentez de pleurer sur le fait qu'elle est cachée en vous, elle restera cachée. Vous ne pouvez pas espérer la voir se manifester alors qu'elle est encore cachée en vous. Seuls la pratique et le contact avec l'une des sources, c'est-à-dire un *Enseignement* vivant, un Instructeur vivant, permettent d'éveiller cette force, à quelques rares exceptions près. Mais n'imaginez pas faire partie de ces exceptions, ceux qui n'ont pas besoin de ce contact se comptent sur les doigts des deux mains.

Le fait de travailler à la lumière de *l'Enseignement*, sous sa direction, permet de structurer l'*essence* et d'en faire le point de repère et le point d'ancrage à partir duquel tout le reste devient possible. On a ainsi une direction, et on finit par acquérir la véritable force. C'est ce qu'on appelle la *force des Maîtres*, mais qui est, en réalité, une force accessible à tous, à une condition, c'est de travailler à la lumière de l'*Enseignement* dans une direction et avec le point d'ancrage. Celui qui a compris cela, reçoit à la demande ce qu'on appelle la *force des Maîtres* – elle n'est pas réservée à des initiés. Mais vous ne pouvez la recevoir qu'à une condition, que vous pratiquiez le *Chemin*, que vous pratiquiez les principes.

Pour recevoir la force :
Pratiquer les principes essentiels du Chemin...

Au départ, le *Chemin* dit cinq choses simples : observez-vous et rappelez-vous, ne vous identifiez pas, ne considérez pas intérieurement, luttez contre la manifestation extérieure des émotions négatives, arrêtez le bavardage intérieur et les rêveries. Mais il est évident que si vous n'essayez pas d'appliquer ces principes, rien ne pourra jamais se faire. Vous continuerez à lutter avec vos moyens ordinaires et habituels, mais il ne pourra rien se passer de plus. Par contre, dès que vous appliquez ce que dit le *Chemin*, une autre force est donnée. Si vous appliquez ses principes, quelle que soit la situation ou la difficulté dans laquelle vous vous trouvez, la force vient.

Lorsque vous êtes face à la difficulté, en appliquant le principe, vous voyez la force venir. La force du *Chemin* existe, elle est énorme. Elle est celle que les religions appelaient autrefois *la foi qui déplace des montagnes.*

Une montagne, qu'elle soit petite ou grande, on peut la déplacer, on peut l'ébranler, il y a la condition : c'est être un homme de la *Voie* pour recevoir cette force qui est capable d'ébranler n'importe quelle montagne, donc n'importe quelle difficulté. Pour recevoir la force de la *Voie* ou la *force des Maîtres* il faut être de la *Voie* et être de la *Voie* c'est regarder à la lumière de l'*Enseignement* et avoir ce point d'ancrage dans son *essence* sur la ligne des principes.

Cela signifie concrètement qu'il est nécessaire d'avoir accordé une valeur supérieure à l'*Enseignement*, au *Chemin*. Et ce n'est qu'à cette condition que l'*Enseignement* devient la référence, la direction dans laquelle on avance et la référence est la source de cette force qui permet de vaincre toutes les difficultés, tous les troubles parce qu'alors seulement on est relié à cette conscience supérieure qui permet d'aborder la vie, les choses, les difficultés dans un état d'esprit qui n'est pas l'état d'esprit ordinaire, qui est l'état d'esprit supérieur.

... Etre à la recherche de la conscience supérieure

Chacun doit se situer comme il veut, librement. Mais il est évident que l'aide la plus importante, l'aide supérieure, la *force des Maîtres,* ne peut venir qu'à ceux qui la demandent, c'est-à-dire à ceux qui se vouent au monde supérieur et veulent le réaliser. Ceux qui ne la demandent pas réellement reçoivent l'aide de l'information et de certains conseils de vie ou de techniques psychologiques.

L'aide supérieure ne peut venir qu'à celui qui veut développer une conscience supérieure, à celui qui veut passer du plan terrestre à un plan supérieur. Si vous ne vous intéressez pas à la conscience supérieure - et c'est là l'un des principes du monde supérieur -, l'aide ou la force supérieure ne s'intéresse pas à vous, vous n'existez pas pour elle. Vous n'existez qu'à votre niveau propre, celui de la vie organique, terrestre. Là, vous remplissez votre fonction, et il n'y a aucune raison qu'une aide supérieure s'intéresse à vous. Ce n'est que lorsque vous regardez vers le ciel que celui-ci se tourne vers vous.

✧

Le voyage de l'essence à travers les différentes âmes

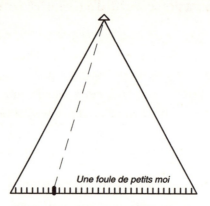

Un petit moi se prend pour l'Essence
et finit par se situer au-dessus de la foule.

Ceci est l'état de l'être humain avec sa multiplicité de petits *moi* qui à tour de rôle gouvernent l'ensemble de sa personnalité.

Chaque fois que vous êtes en prise avec une pensée un peu obsessionnelle, avec un souci, avec une émotion négative, vous n'êtes plus qu'un de ces petits *moi*.

L'*essence* s'incarne dans un corps physique et se manifeste à travers tous ces *moi,* puisque nous n'avons rien d'autre pendant longtemps. Un jour un de ces petits *moi* se prend pour l'*essence* et c'est à ce moment-là que l'évolution sur votre chemin commence. Ce *moi* qui se prend pour l'*essence* veut grandir et il va grandir réellement. On le voit grandir, grandir et se situer de plus en plus au-dessus de la foule, au-dessus de toutes les émotions, de toutes les pensées, de tous les soucis, de tous les événements. Cela signifie qu'il prend toute cette foule réellement en main. L'*essence* grandit et arrive finalement à son propre développement. Elle atteint le sommet où elle domine l'ensemble de la situation par le haut et non par le bas comme le fait chaque petit *moi* lorsqu'il prend le pouvoir sur tout votre être.

La force des Maîtres est le contraire de l'état de l'homme ordinaire. Toute sa force vient d'en haut et se manifeste sur le plan terrestre.

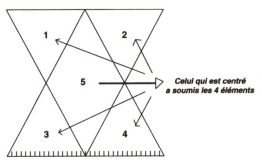

La base du triangle pointe en bas représente la *force des Maîtres* qui descend vers les fils et les filles de la Veuve, les fils et les filles de la Grande Ame. La fille de la Grande Ame, c'est l'*essence* qui part en voyage vers sa Grande Ame.

"Alors toi, devient ce socle" : un autre triangle. Pour l'homme et la femme en chemin qui sont représentés par le premier triangle, c'est la possibilité de recevoir la *force des Maîtres* ou la *baraka*. En réalité, ces deux triangles fusionnent encore davantage et donnent naissance à un autre symbole, une étoile qu'on appelle l'étoile de David ou le sceau de Salomon, l'étoile à six branches.

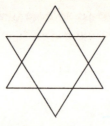

Si nous plaçons ce symbole dans le tableau qui rend compte du voyage de l'*essence* jusqu'à la *quintessence* à travers les différentes natures - nature matérielle, astrale et spirituelle -, il nous montre à quel point la force entre de plus en plus dans l'être humain.

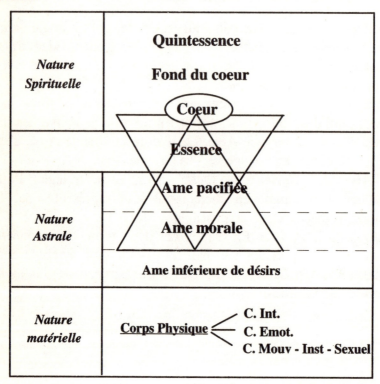

Un être humain qui de l'*essence* a réalisé sa *quintessence*, ne reste pas au niveau de la *quintessence*, mais il devient ce qu'on appelle un bodhisattva.

Je veux t'enseigner
"A te souvenir de l'Eternité"

O Fille de la Terre
Je veux t'enseigner
A te souvenir de l'Eternité
A l'appeler et à la prier
Et ainsi tu apporteras
Sa pureté à l'humanité
Chaque homme
Chaque femme
Pourra se vêtir d'un habit propre
Et l'Eternité
Pourra élire domicile
Dans chaque cœur

" Je veux t'enseigner à te souvenir de l'Eternité"

Une raison très simple fait que l'Eternité est quelque chose dont il faut se souvenir : elle est *l'éternel présent*. Et c'est dans l'éternel présent, dans ce souvenir de l'Eternité, qu'on peut apporter sa pureté à l'humanité. La pureté qu'on apporte à l'humanité est quelque chose de nouveau qui n'est pas entaché de la comparaison au passé. Dans l'Eternité, le passé n'a pas de place, il n'existe pas ; on ne peut pas plaquer quelque chose de passé dans l'Eternité ou dans l'éternel présent.

Dans le présent, il n'y a rien de mort, tout n'est que vie, tout est pur, pur de toute réminiscence, de toute sclérose, de tout dogme.

"Chaque homme, chaque femme pourra se vêtir d'un habit propre"

L'habit propre n'a jamais été porté, et se vêtir d'un habit propre signifie être sorti de la récurrence. En entrant dans l'Eternité, on sort de la récurrence. Chaque homme et chaque femme pourra revêtir un habit propre, c'est-à-dire un habit où il n'y a aucune trace du passé - ni conditionnements du passé, ni marques fortes du karma - où il n'y a surtout pas la répétition de ses vieux habits.

Voilà ce qu'on peut apporter à l'humanité : la possibilité d'une évolution réelle, qui laisse derrière soi un vieux corps pour entrer dans quelque chose de nouveau.

"Et l'Eternité pourra élire domicile dans chaque cœur"

Au lieu que chacun porte en soi les traces du passé - tous ces souvenirs, cette sclérose, ces conditionnements qui viennent du passé -, l'Eternité pourra être dans le cœur, elle portera en fait la vie et le présent en soi, et non pas tout ce qui marque le centre émotionnel, le centre intellectuel, toute la nature inférieure.

Je veux t'enseigner
"Le Comportement juste"

> *O Fils de la Terre*
> *Je veux t'enseigner*
> *Le Comportement juste*
> *Sois toujours*
> *Joyeuse et ouverte*
> *Envers tes frères*
> *Ne rejette pas*
> *Celui qui commet l'erreur*
> *Sois prête à pardonner cent fois*
> *Garde pourtant l'esprit clair*
> *Et devant la belle apparence*
> *Apprends à retenir*
> *Ton jugement*

La joie : une des belles et grandes caractéristiques de l'amour

Quelle que soit la situation, quelle que soit la personne qui se trouve en face de toi, sois toujours le même. Ton comportement pourra changer, mais il sera lié à la reconnaissance d'une situation. Face aux autres ou à la situation, le comportement ne sera ni mécanique ou automatique, ni réactif. Le changement d'attitude qu'on peut avoir vis-à-vis des gens est lié à une décision claire et volontaire et n'est pas simplement la conséquence d'un rejet ou d'une antipathie. Souvent, lorsqu'on dit que les autres ne changent pas, ne peuvent pas ou ne veulent pas changer, c'est parce qu'on ne change pas soi-même.

"Sois toujours joyeuse", c'est le début de l'attitude qui est indiquée, c'est la ligne intérieure qu'il faut essayer de poursuivre constamment. La joie, on ne l'a pas nécessairement tout le temps

en soi, mais elle se cultive. Elle est l'une des belles et grandes caractéristiques de l'Amour, les trois autres étant la bienveillance, la liberté et la compassion. Ce qui vous permet de comprendre que les tristes amours ou les amours où il y a beaucoup de souffrances n'ont rien à voir avec l'Amour. Quand vous avez l'amour, vous avez la joie. Quand vous n'avez pas la joie et que vous croyez avoir l'amour, vous avez autre chose. Vous êtes identifiés à quelque chose ou à quelqu'un et vous êtes plein d'exigences à son égard.

Si de temps en temps vous avez la chance de connaître l'amour et que vous commencez à comprendre la nécessité de la bienveillance et de la liberté, la nécessité de leur pratique, la nécessité éventuelle de la compassion telles que je les ai définies et que vous avez la chance d'avoir encore en vous l'élan de la joie du début des amours, cultivez-les. Si vous croyez aimer quelqu'un et si le fait d'aller à sa rencontre ne vous rend pas joyeux ou joyeuse, vous n'avez pas l'amour en vous. Vous attendez quelque chose de l'autre pour votre ego, vous allez vers l'autre avec vos exigences, et non avec l'amour.

" Ne rejette pas celui qui commet l'erreur"

Chacun d'entre nous sait depuis fort longtemps, même si parfois nous avons du mal à nous l'avouer, que celui qui commet l'erreur c'est l'autre ! Mais c'est aussi nous... Commettre l'erreur, c'est un des attributs de l'être humain et il en commet beaucoup. L'avantage de l'homme de la *Voie*, c'est qu'à partir de son erreur, il est capable réellement de comprendre quelque chose. L'homme ordinaire intelligent bâtit aussi sur ses erreurs.

" Et sois prête à pardonner cent fois"

Sois prête à pardonner une fois, sept fois, 77 fois et plus encore, cent fois, c'est-à-dire tout le temps. Mais pardonner cent fois n'empêche pas objectivement de voir ce qu'est une situation ou ce qu'est un autre. Un fourbe doit toujours être reconnu comme un fourbe. Malgré cela, notre attitude à son égard doit être bienveillante, dans la limite où il ne va pas nuire, aux autres et à nous-mêmes, à cause de notre bienveillance. Notre attitude n'est pas celle qui entretient l'autre dans sa faiblesse ou dans ses manquements, mais celle qui tend quand même à vouloir l'aider à en sortir. A nouveau, il faut du discernement et de l'intelligence, mais l'attitude de départ est bien celle de la bienveillance.

"Garde pourtant l'esprit clair et devant la belle apparence, apprends à retenir ton jugement"

C'est l'interprétation extérieure vers les autres. Cela signifie être tolérant et pourtant avoir le discernement pour ne pas se laisser abuser devant les apparences. Toujours garder l'esprit clair, non seulement devant celui qui est reconnu comme fourbe ou faisant des erreurs, mais même devant celui qu'on ne reconnaît pas comme tel, c'est-à-dire devant la belle apparence, devant l'habit qui semble faire le moine. L'esprit doit rester clair et ne pas se laisser éblouir par les apparences extérieures, ni par les mots. C'est une chose très importante, parce que vous êtes beaucoup plus influençable que vous ne l'imaginez par les apparences extérieures. Un énorme Travail reste à faire pour ne plus être influencé par elles.

Parlant de la récurrence, je vous ai expliqué comment les attitudes extérieures, et même de grands comportements extérieurs, pouvaient avoir des causes tout à fait négatives et ne pas faire évoluer du tout même. Tout cela doit vous permettre d'être d'autant plus vigilant quant à l'apparence extérieure.

Voilà une première indication de l'explication de cette stance, son explication extérieure. Comme pour toute stance, il y a plusieurs autres explications. Pour celle-ci, il y a une explication beaucoup plus intérieure.

L'attitude intérieure dont nous parle la stance

"Je veux t'enseigner le comportement juste". Il s'agit là, non plus du comportement extérieur vis-à-vis des autres, mais du comportement intérieur, c'est-à-dire de ton comportement vis-à-vis de toi-même, vis-à-vis de tes multiples *moi,* vis-à-vis de tes propres états intérieurs.

"Sois toujours joyeuse et ouverte envers tes frères, ne rejette pas celui qui commet l'erreur" : Sois aussi joyeuse face à tes propres errements, à tes propres erreurs, à tous ces autres *moi* qui dépendent de tes traits de caractère négatifs, face à tous tes défauts, à tes manquements. Tu es déjà capable de les reconnaître, alors tu peux en rire plutôt que d'en pleurer, plutôt que de gémir ou de te plaindre. Quand tu reconnais un de tes petits "moi" désolant au possible, aujourd'hui tu peux en rire. Ton attitude intérieure juste est d'être joyeuse.

"Sois prête à pardonner cent fois"... Vis-à-vis de ce qui se passe à l'intérieur de toi, tu es obligé aussi d'avoir la même attitude que vis-à-vis du monde extérieur ou des autres : *pardonner.* Celui qui n'arrive pas à se pardonner lui-même ne peut pas pardonner aux autres ou son pardon reste artificiel. Donc se pardonner à soi-même signifie aussi arrêter de se culpabiliser. C'est là un des principes essentiels, puisque l'éducation de la plupart des êtres humains est basée sur une forme de culpabilisation qui est un très fort conditionnement non seulement familial, mais religieux et social très souvent et qui empêche en réalité d'assumer sa vie. Ce conditionnement ne rend pas responsable mais coupable.

"Garde pourtant l'esprit clair et devant la belle apparence, apprends à retenir ton jugement". Devant *ta* belle apparence, devant tes propres succès dont tu aimes te glorifier, aussi bien devant le monde extérieur que dans ton propre monde intérieur, garde ton esprit clair. De cette façon tu éviteras d'entrer dans ce

moi pharisien qui t'habite, celui qui se croit déjà en plein progrès, déjà bien évolué, arrivé quelque part, celui qui dans un domaine ou un autre se sent supérieur aux autres, en fait le pharisien en soi, celui qui se donne *"la belle apparence"*.

En soi, il y a encore une telle multitude d'autres *moi* pas très élevés, pas très évolués, pas beaux, dont il faudra se méfier pendant longtemps. Et devant ceux-là aussi, retiens ton jugement, attends. D'ailleurs, contentes-toi de constater les choses et non de juger. A partir de ce que tu constates, tu vis au jour le jour, tu prends les situations comme elles viennent et tu les règles de même. Tu sais de plus en plus et de mieux en mieux quelle est l'attitude juste face à la situation et face à la vie qui vient ; c'est la seule chose qui importe. Alors toutes les culpabilisations comme tous les jugements, les blâmes comme les félicitations deviennent inutiles. Fais ce qui est devant toi, ne rejette pas et ne juge pas.

C'est, par exemple, dans des situations de conflits où on se donne toujours la belle apparence : on se justifie soi-même et on condamne les autres. Chaque fois que les autres font mal selon vous et que vous faites bien, vous êtes aussi dans cet état ! De même quand vous pensez que vous êtes dans votre droit et que l'autre a tort, vous êtes dans cet état ! Quand vous avez un problème avec quelqu'un, il vaut mieux en parler, mais parler de la situation comme d'un problème à résoudre. N'accusez pas les autres ! Parlez de votre façon de voir et ne condamnez pas les autres. Dans cet *Enseignement* vous avez toujours le droit de vouloir comprendre. C'est plus qu'un droit, c'est votre devoir. Pour moi, il est incompréhensible que quelqu'un se conduise de façon stupide ou méchante. Ne soyez pas idiot, demandez qu'on vous explique. Placez *comprendre* au-dessus de tout, au-dessus de votre rancœur, de votre égoïsme, de vos mensonges, au-dessus de l'image de vous. Et tant que vous ne décidez pas de choses de ce type, vous aurez toujours des problèmes relationnels avec les autres et des problèmes de méconnaissance de vous-même.

Pour toutes les stances, il est toujours important de voir comment se combine l'attitude extérieure décrite par la stance à l'attitude intérieure. N'oubliez pas que nous sommes toujours des habitants de deux mondes, du monde extérieur qui est le monde de la relation aux autres et du monde intérieur qui est le monde de la relation de tous nos petits "moi" entre eux, la relation de notre *essence* à tous ces petits "moi", de la relation entre notre fausse personnalité, de notre personnalité et notre "moi supérieur". Le comportement vis-à-vis du monde intérieur ne peut pas être différent du comportement vis-à-vis du monde extérieur. Il s'agit du monde de la relation, et les mêmes principes régissent les deux mondes.

Ainsi, on peut juger très facilement de la relation d'une personne avec ce qu'il y a de plus profond en elle en regardant la façon dont elle se comporte avec les autres à l'extérieur. Dans la vie, regardez le comportement de quelqu'un vis-à-vis des autres et vous saurez quel est son état intérieur, c'est-à-dire son niveau de relation vis-à-vis de lui-même. Il n'y a, en règle générale, aucune différence, sauf pour les gens en chemin qui essayent d'avoir déjà un comportement extérieur d'une qualité de plus en plus grande.

Je veux t'enseigner
"L'Indulgence"

O Fils de la Terre
Je veux t'enseigner
L'Indulgence
Que jamais
Elle ne te conduise
Sur la Voie des reproches
Mais qu'elle soit ton guide
Sur le Chemin du pardon

Les reproches et l'indulgence : deux attitudes possibles.

La voie des reproches est toujours la voie de la fausse personnalité. Le moindre reproche que vous faites à qui que ce soit, pour quoi que ce soit vient de l'âme blâmante ou de l'âme morale conditionnée, donc de votre fausse personnalité ; il n'y a aucune exception à cela. Il ne s'agit pas de la constatation des faits, comme voir que quelque chose n'est pas bon, pas juste ou pas vrai. Le reproche est un juge en vous et l'endroit où s'assoit ce juge c'est l'âme blâmante. Lorsque l'on commence à comprendre d'où viennent les reproches, on ne peut plus faire de reproches à qui que ce soit. A ce moment-là, on devient tolérant, *indulgent* !

Que ta voie soit celle de l'*essence* et non pas celle de l'âme morale ou celle de la fausse personnalité surtout ! Alors, les reproches s'arrêtent naturellement. Lorsque vous avez compris que l'indulgence est plus intéressante que les reproches par exemple, vous vous mettez déjà sous l'influence des forces supérieures, vous leur donnez une chance d'entrer en vous. Si vous agissez réellement ainsi, non pas de façon mécanique parce qu'on vous a dit qu'il fallait être indulgent, mais si vous réagissez à partir d'un principe supérieur que vous avez compris – comme l'indulgence et le non-reproche - il est sûr qu'immédiatement quelque chose de supérieur entre en vous et vous êtes d'autant plus apaisé.

L'indulgence sur le Chemin

Du point de vue ordinaire, l'indulgence est considérée comme une qualité. Et celui qui pratique l'indulgence se situe au-dessus de ce pour quoi il se dit indulgent, mais il se situe en tant que juge. Plus on est indulgent, plus on se situe comme juge et plus on se situe au-dessus, donc on fait des reproches, des reproches masqués. L'indulgence est donc une forme de reproches masqués et une forme de jugement. Normalement, l'indulgence est un acquis de l'homme ordinaire qui a un peu de cœur, il est indulgent.

Sur le *Chemin,* l'indulgence doit aller encore beaucoup plus loin, au-delà d'elle-même. L'homme de la *Voie*, lui, doit avoir beaucoup plus que de l'indulgence. Il doit veiller à ce que ce sentiment en lui, cette qualité de l'indulgence en lui, ne le conduise jamais sur le chemin des reproches, non pas seulement celui des reproches exprimés mais aussi celui des reproches non exprimés, c'est-à-dire au-delà de l'état d'indulgence ou de l'état de juge.

"Mais qu'elle soit ton guide sur le chemin du pardon"

De même, lorsque le pardon existe, c'est un état équilibré entre celui qui croit devoir pardonner et celui qui doit, en principe, être pardonné. Mais "l'état de pardon" c'est justement quand il n'y a rien à pardonner, et qu'il n'y a personne à qui pardonner, c'est-à-dire qu'on est aussi au-delà du pardon. Il faut arriver à cet état de pardon. Celui qui est dans cet état ne fait pas de reproche, il n'attend pas d'excuse car il ne se sent pas blessé, il n'a rien à pardonner.

Et l'indulgence telle qu'on l'entend - qui est au-delà du reproche -, est le chemin vers l'état de pardon. Comprendre ce que signifie réellement l'indulgence du point de vue de la *Voie*, c'est-à-dire une indulgence au-delà de l'indulgence de l'homme ordinaire, c'est être dans l'état de pardon.

Le véritable état de pardon et d'indulgence n'est pas un acte, c'est un *état d'être*. Quand je pratique le pardon et l'indulgence, cela signifie que "je travaille à les acquérir véritablement", c'est tout ce que je peux faire à ce moment-là. Mais je ne sais pas encore ce que sont le pardon et l'indulgence, je ne sais pas encore que le mal qui m'a été fait était un mal mécanique, automatique et que l'autre n'était pas responsable de son acte parce qu'il est mécanique ou endormi. Donc à qui pardonner ? Ensuite il faut se poser la question : "Quoi en moi a été blessé pour que j'aie à pardonner ?". Si la vérité en moi a été blessée, elle se défend elle-même, moi je n'ai pas à m'en mêler.

Comprendre avec l'esprit et le cœur :
La compassion...

La compassion est tout à fait autre chose. C'est un état de compréhension, c'est comprendre avec l'esprit et avec le cœur, pour déboucher sur une action. La compassion, c'est de l'intelligence, de l'amour et de l'action. Le même état d'être donne naissance à la compassion et à l'indulgence. Il y a un endroit où tout cela se rejoint.

Pour vous, il y a un chemin qui est le chemin du pardon, donc le chemin qui vous permet de comprendre l'indulgence et de la pratiquer. Il y a le chemin de la compassion qui, chaque fois, nécessite une réflexion, puis une valorisation ou une façon d'aimer les choses, de les comprendre d'abord en esprit pour les accepter dans le cœur. Ensuite il faut que vous trouviez encore l'action juste. Celui dont c'est l'état d'être n'a rien à chercher ou à trouver, il est cela. Alors sa pensée est claire, ses émotions sont claires, et son action est simplement juste.

Je veux t'enseigner à
"Oublier tout le bien..."

O Fille de la Terre
Je veux t'enseigner
A oublier tout le bien
Que tu as fait aux hommes
Ainsi tu oublieras le mal
Que les hommes t'ont fait
Ne fais jamais un reproche
Et n'accepte aucune excuse
Car rien n'existe en toi
Qui puisse être blessé

Oublie tout le bien que tu as fait
pour oublier le mal que les hommes t'ont fait

L'homme évolué fait ce qu'il a à faire, c'est-à-dire qu'il fait ce qui est là devant lui. Et à cause de son état intérieur, de son état de conscience, des buts qu'il s'est fixés dans la vie, ce qu'il fait est nécessairement le bien, même si parfois, au regard des hommes, ça ne semble pas être le bien. Mais ceci est de peu d'importance. L'homme de la *Voie* fait toujours ce qui est devant lui et le fait bien. Et aussitôt qu'il l'a fait, il n'y a rien en lui qui puisse s'enorgueillir, pour une raison très simple, son regard se porte déjà sur autre chose qui est devant lui, le pas suivant. Parce qu'il avance, il n'a pas le temps de traîner dans les bas-fonds de sa vanité, de son orgueil. Il regarde loin devant lui et loin devant lui c'est tellement grand, souvent tellement loin encore, qu'il n'a pas le temps de beaucoup penser à ce qu'il vient de faire, il l'a laissé derrière lui, pour les autres, parce que c'est un bien.

223

Et parce qu'il fait uniquement le bien et qu'il l'oublie, cela lui permet d'oublier de façon constante aussi le mal qu'on lui fait ou qu'on lui a fait. Evidemment, comme n'importe qui d'autre, il subit le mal, mais comme il ne s'identifie pas à ce qui se passe, il ne s'accroche pas à ce mal, il ne considère pas intérieurement, il ne se laisse pas aller au gré de ses émotions négatives face à une situation qui représente pour lui un mal. Il continue à avancer et il laisse cela aussi derrière lui.

"Oublier le mal", c'est aller au delà des rancœurs, des ressentiments. Tout ce qui nous lie au passé est absolument lié à la volonté de faire du bien et de faire bien tout simplement dans le présent. Vous ne pourrez jamais dépasser votre passé si vous ne commencez pas à vous intéresser sérieusement au présent et à faire bien ce qui est bien dans le présent, ce qui est beau, ce qui est noble, ce qui est grand, ce qui est vrai. Vous tous, vous avez encore des problèmes liés à votre enfance. Vous ne pourrez les dépasser qu'à condition de vivre dans le présent et de transformer vos attitudes maintenant. Vous ne pourrez dépasser l'enfant qui est en vous qu'en devenant l'adulte que vous devriez être déjà. L'enfant laisse derrière lui des images, c'est tout.

"Ne fais jamais un reproche et n'accepte aucune excuse"

C'est la stance *"anti-exigences"*... On peut aussi l'appeler la stance de la liberté, car chacun est libre d'évoluer comme il l'entend. Supprime les reproches et les regards de reproches... Comment pourrais-tu faire des reproches à quelqu'un parce qu'il n'est pas assez attentif à ton égoïsme, à tes exigences. Est-ce cela la raison de vos reproches aux autres ? L'homme de la *Voie* ne connaît plus cela. De son ego, de ses exigences, il s'en occupe lui-même, comme il peut mais il ne va plus en faire reproche aux autres. Et loin de lui l'idée d'aller faire des reproches aux autres quant à ce qu'ils font par ailleurs. Quand ils ne font pas bien quelque chose, quelque part, il ne va pas en pharisien leur dire comment il faudrait faire mieux. Lui fait le bien mais ne fait jamais de reproches aux autres, pas en ce qui concerne leur Travail par ailleurs et encore moins en ce qui concerne lui-même, par rapport à ces attitudes que les autres pourraient avoir à son égard. Cela lui permet de se mettre en situation où il n'a jamais aucune excuse à accepter de qui que ce soit. Il ne peut pas accepter d'excuse, tout simplement parce qu'il Travaille à faire en sorte qu'en lui, plus rien ne puisse être blessé. En vous, tout ce qui est petit, tout ce qui est infantile, tout ce qui n'est pas mûr, peut être blessé. Mais ce qui est grand en vous, personne ne peut l'atteindre. Vous n'avez plus d'orgueil, vous n'avez plus de vanité, qu'est-ce qui peut encore être blessé ?

La morale religieuse accepte l'excuse. Dans le soufisme, on dit au contraire : N'accepte aucune excuse de qui que ce soit. Personne n'a à s'excuser auprès de toi. Toi, tu assumes ta vie, tu assumes tout. Un soufi ne peut être blessé, il n'y a rien en lui qui puisse être blessé puisqu'il vit au niveau de son *essence*. Et lorsqu'il lui arrive de l'être, il sait ce qui est blessé, rien d'intéressant en lui, sa fausse personnalité. Avoir une exigence vis-à-vis de quelqu'un, c'est faire de lui un prolongement de soi. Alors il n'y a plus que moi, et l'autre devient un morceau de moi. Et moi, seul, je ne peux pas entrer au paradis...

L'homme de la Voie n'a pas besoin d'excuses, mais il présente toujours ses excuses

Mais paradoxalement, l'attitude de l'homme de la *Voie* est de présenter ses excuses, et très facilement. Quand il a commis une erreur, il essaye de la corriger et il s'enquiert de l'état de l'autre. Peut-être que l'autre a besoin de cette forme de considération extérieure qui est de recevoir une forme de compréhension, une forme d'excuse. C'est pour cela que l'homme de la *Voie*, très facilement, présente ses excuses.

Qu'une personne parmi vous me présente des excuses ou non, cela ne change rien à ce que je suis, cela ne me rend ni plus riche ni plus pauvre, ni de meilleure humeur ou de moins bonne humeur, ne rajoute rien à mes pensées ni à mes émotions. Et pourtant, le fait de présenter ses excuses est très important pour la personne. Cela peut être une forme d'humilité ou de courage, ou une forme de compréhension des choses qu'elle veut manifester dans un acte. Ce qu'on ne manifeste pas dans un acte n'existe pas. Vous êtes incarnés sur terre, ce qui vit en vous doit se manifester d'une manière ou d'une autre. Ce qui ne se manifeste pas reste en vous, tourne en vous, vous le portez comme un poids. Seulement, à vous de trouver la bonne manière de le manifester. Souvent, vous manifestez vos émotions négatives, c'est la mauvaise manière de manifester. Il y a d'autres manières de manifester les énergies de la pensée, les énergies des émotions, les énergies des sentiments. Il y a des manières qui sont créatrices, c'est celles-là qu'il faut choisir.

Imaginez des relations humaines où tout ne serait fait que de pensées positives et d'émotions positives, manifestées, montrées... L'exemple le plus simple : imaginez que vous rencontrez des gens qui sont amicaux et souriants et qui sont prêts à vous rendre service - voyez comment serait la vie - et qui ne manifestent jamais d'émotions négatives. Même s'ils en ont encore, ils se débrouillent eux-mêmes avec elles. Plus d'inimitié, plus d'indifférence, des gens ouverts, conscients de ce qu'ils font. Cela fait une grande différence.

L'homme de la *Voie* n'a pas besoin d'excuses, mais il présente toujours ses excuses. J'ai vu la stupidité parfois de certains qui croient comprendre les choses et qui ne comprennent jamais rien. Evidemment en lisant cette stance, *"n'accepte aucune excuse"*, ils en ont conclu *ne présente jamais aucune excuse.* Quand ils marchent sur les pieds des gens, ils font comme si rien n'était arrivé. Non, un homme et une femme de la *Voie* sont des gens qui sont *clean,* ils portent le respect en eux. Et la politesse, quand elle n'est pas simplement conformiste, est une des marques de l'homme de la *Voie.* Cela fait partie de la noblesse du comportement. Mais en le faisant, il ne le fait jamais automatiquement, il le fait consciemment, il le fait volontairement. L'homme de la *Voie* sait qu'il essaye d'éviter au maximum toutes les erreurs. Mais il sait aussi qu'il est encore imparfait, qu'il va en commettre beaucoup, donc il essaye de les réparer, et quand il ne peut pas réparer, il essaye au moins de s'excuser auprès de ceux à qui il a causé du tort ou de les aider.

La petite âme ne peut pas s'excuser, elle n'a déjà rien, elle ne peut rien donner, même pas ses excuses. La *grande âme* est capable de tout donner, elle a beaucoup à donner, surtout de petites choses, comme des excuses. Comme elle a beaucoup de choses, elle n'a pas besoin qu'on lui donne de petites choses, elle cherche l'essentiel. Sur le *Chemin,* un jour, il faut décider d'arrêter d'être petit. Un jour, il faut vouloir la grandeur. La *4eVoie* est un chemin vers la grandeur, c'est le chemin de la noblesse d'âme. C'est pour cela qu'on peut arrêter à un moment tous les comportements petits et mesquins et c'est pour cela que vous devez arrêter de vous embarrasser de toutes vos petites réactions qui conduisent à ces petites souffrances tellement inutiles. Remarquez les choses et puis balayez-les, ne vous attardez plus aux petites choses mesquines.

✦

Je veux t'enseigner
" Le Repentir"

O Fille de la Terre
Je veux t'enseigner
Le Repentir
Qu'il soit pour toi
La corde où t'agripper
Par la ferme décision
De ne plus retomber
Il devient alors
La corde qui sauve
Et permet de t'élever
Vers l'Eternité

Se repentir, c'est reconnaître une erreur qu'on a faite. Alors, on remplace tout simplement le mal-être, le malaise, la culpabilité qu'on ressent par la volonté de ne plus refaire la même chose. Le remède à la culpabilité est la ferme décision de ne plus recommencer la même erreur. Le repentir nécessite donc une prise de conscience, souvent à partir de ce mal-être ou du sentiment de culpabilité. Il est lié à une ligne qu'on se fixe : la réflexion par rapport à ce qu'on a fait afin de le dépasser et la décision de ne pas recommencer. Ce qui signifie que le repentir n'est pas axé dans le passé, mais vers l'avenir. La culpabilité est quelque chose qui nous ancre au passé, qui nous rend lourd, qui nous attache. Le repentir est libérateur, il est la page qu'on tourne.

Quelqu'un ne peut être libéré que s'il réfléchit et décide d'une autre façon de penser évidemment et d'une autre conduite. Et le sentiment ou l'émotion juste suivra naturellement et remplacera le mal-être et le sentiment de culpabilité. Un jour, vous pouvez volontairement décider de commencer à remplacer toute culpabilité par le véritable repentir.

Le repentir du bon larron

Vous connaissez un peu l'histoire de Jésus-Christ qui a été crucifié. A sa droite et à sa gauche étaient deux larrons-brigands. Il y en a un qui lui disait : "Il paraît que tu es le fils de Dieu et que tu as fait des miracles, fais-en un autre. Sauve-toi et par la même occasion sauve-moi".

Fatigué par sa Passion qu'on lui avait fait subir, Jésus ne répondait pas à ce brigand qui l'insultait et se moquait de lui. De l'autre côté, sur une croix, était un autre bandit qui, à un moment donné, a dit au premier : "Tu sais, nous deux, nous sommes là sur la croix parce que nous le méritons. Nous sommes vraiment tous les deux à notre place. Et il est vrai que si j'avais à recommencer, je ne ferais pas tout ce que j'ai fait. J'essayerais de vivre comme l'autre au milieu de nous. Moi, je le suivrais" !

C'est cela le repentir. C'est reconnaître ce que l'on est ou ce qu'on a été et décider de changer. Et c'est à celui-là que Jésus-Christ dit : *"Aujourd'hui encore tu seras avec moi, dans un autre monde, au paradis"*.

Après sa mort, Jésus-Christ est allé en enfer chercher les âmes repentantes, celles qui avaient réellement conscience de ce qu'elles étaient et de tout ce qui en elles devait être transformé - d'où la nécessité de l'observation de soi, de la connaissance réelle de soi - pour les emmener au paradis. Celui qui ne se connaît pas, ne sait pas ce qu'il doit changer en lui.

Belzébuth, un démon favorable
aux hommes et aux femmes sur le Chemin

La Tradition rapporte une histoire à propos de Belzébuth. Belzébuth est un des grands démons, un des démons importants.

Il est très dangereux pour les âmes humaines, mais il est très favorable aux hommes et aux femmes sur le *Chemin*.

Les premiers chrétiens racontaient l'histoire suivante. Après la Crucifixion, Jésus-Christ voulut descendre dans les enfers. Là, il y a plusieurs portes et plusieurs gardiens. A la manière dont il y a des gardiens - Michaël, l'archange saint Michel ou saint Pierre -, aux portes du paradis, de même il y a des gardiens aux portes de l'enfer. Il y a par exemple Satan qui est le grand gardien des portes. Lorsque Satan a vu arriver Jésus-Christ, il lui a dit : *"Non, toi qui imagines apporter de la lumière dans les ténèbres, tu n'entres pas chez nous"* ! Donc Satan ne voulait pas le laisser entrer. Et puis, là-bas, à une autre porte, il y avait Belzébuth.

La tradition dit que Satan, d'autres l'appellent Ahriman, est très rigide, très borné. C'est quelqu'un de très déterminé. La tradition nous dit aussi que Belzébuth est d'une autre race de démons, moins buté que Satan et apparemment un peu plus rusé. Donc, lui a appelé Jésus-Christ et lui a dit : *"Tu peux passer là"*. Et Jésus-Christ, un peu étonné, a voulu commencer à lui poser des questions, mais Belzébuth n'avait pas envie de discuter avec lui. Il savait qu'il allait perdre, donc ce n'était pas intéressant. Il lui a dit : *"Tu peux entrer et emmener qui tu veux avec toi"* - qui tu veux, sachant qu'à cette époque on pensait encore que toutes les âmes humaines étaient en enfer, puisqu'aucune n'avait encore été sauvée.

Donc Belzébuth a laissé entrer Jésus-Christ en enfer et Jésus-Christ en est ressorti emmenant toutes les âmes repentantes, en fait toutes les âmes qui voulaient bien se relier à l'*Enseignement* de Jésus-Christ, qui voulaient bien comprendre ce que cet homme, ou ce Dieu, racontait. Ces âmes repentantes, toutes celles qui étaient vraiment attirées par ce qu'il prêchait, en voyant ce Jésus-Christ, un peu lumineux - cela vient de luminaria, ce qui éclaire, astre, flambeau -, l'ont suivi et ainsi sont sorties des enfers avec lui.

Belzébuth a toujours trouvé détestable qu'il y ait des âmes repentantes en enfer. Vous imaginez des âmes repentantes en enfer ! Un jour, selon Belzébuth, elles feraient la révolution et l'enfer deviendrait autre chose que l'enfer. C'est pour ça que Belzébuth, plus intelligent que Satan, s'est dit : *"Il faut débarrasser l'enfer de toutes ces âmes repentantes"* et il a ouvert la porte à Jésus-Christ pour qu'il les emmène. C'est une des grandes histoires secrètes du christianisme ésotérique.

Les religions officielles ont toujours pourchassé les ésotéristes du christianisme, prétextant qu'ils étaient liés au diable. Non, ils ne sont pas liés au diable, il y a seulement un des diables qui est un peu plus intelligent et qui ne veut pas de ces âmes repentantes en enfer. Il y a bien saint Pierre à la porte du paradis, mais le problème est que ces âmes n'iraient pas non plus au paradis. Ces âmes repentantes savent qu'elles ne sont pas tout à fait prêtes pour le paradis, elles connaissent leur état et sont conscientes du Travail qui reste à faire. Et saint Pierre, lui, préfère un paradis un peu plus tranquille. C'est la raison pour laquelle les hommes de la *4eVoie* n'entrent pas dans la récurrence, mais dans la réincarnation, pour évoluer de vie en vie, afin d'être un jour dignes de la compagnie des dieux ou de Dieu.

Faire appel au niveau supérieur
"Attraper la corde qui sauve..."

Une autre caractéristique des hommes et des femmes de la *4eVoie*, c'est qu'ils ne craignent plus l'enfer. Ce n'est pas qu'ils soient terriblement courageux, mais ils savent que Belzébuth ne les veut pas en enfer. Tous ceux qui se mettent sur un chemin parce qu'ils ont peur d'aller en enfer peuvent définitivement oublier cette peur car Belzébuth ne les veut pas. Vous êtes condamnés à devenir parfaits, d'incarnation en incarnation ou, si vous le voulez, un peu plus rapidement, non pas par peur de l'enfer ou pour aller au paradis, mais simplement par amour de ce qui est vrai, de ce qui est beau, juste et grand.

Quand soudain quelque part on perçoit une force supérieure, il n'y a plus besoin d'avoir peur. En P.A., il existe une expression qui fait référence à la peur et au moyen de s'en sortir : *"Attraper la corde qui sauve..."* C'est avoir ce qu'on appelle la confiance ou la foi ou l'espérance dans un monde supérieur ou dans des forces supérieures, c'est comprendre que tout est lié à quelque chose de supérieur à soi, à une sécurité plus forte que soi. La confiance dans le destin, la confiance dans le karma, la confiance en Dieu, est quelque chose qui aide à dépasser ses peurs psychologiques, parce que là on dépasse son propre moi. Ces peurs sont liées à la solitude du moi et à l'intérêt exclusif à son propre ego. Dès qu'on s'en remet au destin, à Dieu ou à un niveau supérieur, ces peurs n'ont plus de raison d'être. C'est un peu le sens de la prière dans les émotions profondes et dans la peur.

Dans beaucoup de domaines, pas seulement dans celui de la peur, *"Attraper la corde qui sauve"* signifie, dans l'*Enseignement* de la *4eVoie*, faire appel au niveau supérieur quelle que soit la situation dans laquelle on se trouve. La corde qui sauve, cela peut être un but sur le *Chemin*, n'importe quel principe du *Chemin* ou une rencontre sur le *Chemin*. L'*Enseignement* vous sauve, vous relier à lui vous met dans ces perspectives-là. Moi, je ne peux pas vous sauver, l'*Enseignement*, oui. Je suis un des moyens de l'*Enseignement*. Votre moyen le plus sûr, c'est votre compréhension, elle permet d'atteindre l'état d'humilité.

Je veux t'enseigner
"A fuir l'avare"

O Fille de la Terre
Je veux t'enseigner
A fuir l'avare
Car pour accumuler l'Eternité
Il vole le temps
L'Eternité l'a déjà abandonné au temps
Et il ne connaîtra pas l'Immortalité
Car il n'existe pas de plus grand vice
Que l'avarice

L'avarice, il faut la mettre en opposition avec la générosité évidemment et, dans le contexte des stances, elle est à mettre en parallèle avec l'avidité, c'est-à-dire tout ce à quoi on s'attache, tout ce qu'on veut posséder. Si je crois posséder le contenu de ce verre, quel est mon problème : dès l'instant où je crois le posséder, j'ai peur qu'on me le pique, c'est-à-dire je suis possédé par quelque chose. Quand on possède, on est possédé, on est attaché, c'est fini. Il vous arrive d'être attaché, parfois les uns aux autres ou parfois à des choses, parfois à des idées, des émotions, c'est-à-dire que vous êtes prisonniers, liés.

Maintenant imaginez quelqu'un qui est attaché au temps, il a réussi à voler du temps. Le temps est une substance. Celui qui est attaché au temps, il est déjà d'emblée en enfer. Autant le paradis est un lieu où le temps n'existe pas, parce que c'est le lieu de l'Eternité, autant l'enfer est un lieu où le temps existe. L'enfer est exactement le lieu de production du temps, l'enfer est une machine à produire du temps.

" Car pour accumuler l'Eternité il vole le temps"

L'Eternité est contenue dans cet instant. Ce qui caractérise l'Eternité, c'est que l'instant suivant, tout ce qui précédait a disparu, l'instant précédent est mort. Celui qui reste accroché à l'instant qui vient de s'écouler ou quelqu'un qui arriverait à voler un instant, à voler l'Eternité il serait mort tout de suite.

Dans le temps, il y a un problème diabolique. Si vous vous ennuyez ou vous souffrez, vous voulez que le temps passe vite et il traîne... Si tout va bien, si vous êtes heureux, vous voulez que ça dure et le temps vous file entre les doigts. Voyez, le temps est une création machiavélique de Satan. C'est pour cela que dans tous les *Enseignement*s spirituels on dit la même chose : "Vivez dans le présent, vivez cet instant, ne soyez attaché à rien et surtout ne volez pas le temps". L'avantage d'aller en enfer, c'est que cela ne dure qu'un temps, longtemps, longtemps, toute une éternité, mais ça s'arrête un jour. Par contre, au paradis il n'y a pas de temps, ça dure une autre éternité mais une vraie dans laquelle il n'y a pas les limites du temps.

Le temps est une substance et cette substance est manipulable et lorsqu'on la manipule à certains niveaux, elle devient de la matière. Cela signifie que toutes les choses matérielles que vous pouvez toucher ne sont pas autre chose que du temps. Rudolf Steiner disait que la matière est de l'esprit condensé. Mais avant de devenir de la matière, l'esprit passe par la métamorphose du temps. L'esprit devient d'abord temps et ensuite matière. Celui qui est avare de matière est quelqu'un qui devient prisonnier du temps.

Les alchimistes étaient les maîtres du temps. Ils n'utilisaient pas de produits chimiques, ils avaient compris, déjà bien à l'avance, ce que les chimistes et les physiciens, surtout aujourd'hui, savent. C'est que le problème de la matière est un problème de temps, en fait un problème de vitesse et d'accélération et pas du tout un problème matériel. Je vous ai déjà montré un jour comment on crée de la matière - ce n'est pas tout à fait scientifique - à partir de presque rien, à partir d'un début de matière. Si je fais entrer la dimension du temps dans cet objet, dans une petite cuillère par exemple, en l'agitant avec une certaine vitesse, à ce moment-là le monde change, c'est-à-dire que si quelqu'un essaie de passer son doigt sur le trajet de la petite cuillère, il va être coupé. Et si je vais encore plus vite, encore plus vite, il y aura là un mur solide. C'est ce qui se passe autour de vous, dans les murs que vous voyez il y a plus de trous que de matière. Vous n'arrivez pas à passer à travers parce que ça bouge très vite. Tous ceux qui ont fait un peu de physique savent que c'est ainsi. Quand la cuillère bouge vite, vous voyez déjà un arc, mais il n'y a pas d'arc. Le secret des alchimistes est le secret du temps, voilà pourquoi ils peuvent passer à travers les murs.

Si on est attaché à la matière on est très prisonnier. Si on est attaché au temps, on est déjà un peu plus libre de la matière mais prisonnier du temps. Et quand on est dans l'esprit, on est libre. Quand vous êtes dans l'esprit des choses vous n'êtes plus prisonnier de rien, vous pouvez faire n'importe quoi, vous êtes dans l'esprit et dans la conscience. Au moyen âge on parlait de génération spontanée, des choses apparaissaient sans qu'il n'y ait aucune source. La science moderne a, dans un premier temps, battu en brèche cette idée. Ça n'existe vraiment pas, la génération spontanée disait-elle ! Pour les alchimistes, c'est faux, la génération spontanée existe, parce qu'on utilise de l'esprit et ensuite on utilise du temps, puis on fabrique de la matière. La génération spontanée, c'est arriver à maîtriser le temps.

De la même façon, ce qui est pensé aujourd'hui va être transformé dans une matière qui va être le temps et un jour resurgira en tant que matière. C'est la raison pour laquelle, heureusement pour vous, beaucoup de vos bonnes intentions peuvent se réaliser un jour. Peut-être qu'un jour vous comprendrez qu'il ne faut pas prendre les choses à la légère, comme les proverbes. Quelqu'un ce matin disait - et il ne savait naturellement pas ce qu'il disait : "Les chemins de l'enfer sont pavés de bonnes intentions". Il faudrait chercher qui a bien pu inventer ce proverbe. Celui qui a dit cela pour la première fois était certainement un des plus grands sages. Parce que les bonnes intentions que vous avez aujourd'hui pour être transformées en réalité sont obligées de traverser avec vous l'enfer. Vos bonnes intentions vous conduisent en enfer. L'enfer est le lieu du temps, c'est le lieu où vos bonnes intentions sont transformées par le temps et ensuite quand vous quittez l'enfer, puisque heureusement c'est un lieu qu'on quitte, vous revenez sur terre avec la possibilité de réaliser vos intentions. Donc, le fait de dire que les bonnes intentions sont ce qui pave les chemins de l'enfer n'a pas du tout la signification qu'on accorde habituellement à ce proverbe, il a l'écho de la signification populaire évidemment, mais en profondeur il signifie tout à fait autre chose. Il est lié à la connaissance du temps.

Et comme l'intention, l'esprit se transforme un jour en passant par le temps, se transforme en matière. Et l'enfer est non seulement le lieu où est créé le temps mais il est aussi le lieu de la matérialisation. C'est là où la matière est la plus dense. Voilà un peu tous les liens qu'il y a entre les choses. Vous pouvez laisser vagabonder votre imagination sur ces thèmes, mais ils sont si réels que vous arrivez à les accrocher à des principes de l'*Enseignement*.

✧

Une histoire de Maître de Faria.
La soupe de l'avare

C'est l'histoire d'un homme très avare, si avare qu'il détournait la tête quand il voyait un mendiant.

Un jour, un mendiant lui demanda une pièce pour s'acheter de la soupe. Comme il passait en faisant la sourde oreille, le mendiant le suivit, insistant : "Une petite pièce pour une soupe, juste une petite pièce ! " L'avare pressait le pas afin de distancier le mendiant. Mais celui-ci continuait à le suivre en criant plus fort, à tel point que, pour s'en débarrasser, l'avare sortit du fond de sa poche une maigre pièce et la lui tendit. Mais le mendiant n'était pas satisfait pour autant : "Donne-moi une petite pièce pour un morceau de pain pour ma soupe, juste une petite pièce !"continuait-il.

Cette fois l'avare ne voulait pas céder. Mais le mendiant criait si fort que des passants vinrent à s'en mêler. L'avare, excédé, se fâcha, insulta le mendiant en le traitant de fou et rentra chez lui.

La nuit venue, il alla se coucher et fit un rêve. Il venait d'arriver au paradis. La route avait été longue et il avait faim. Il rencontra un ange et lui demanda où trouver de quoi se restaurer. L'ange lui dit de patienter un peu et, au bout d'un moment, revint avec une soupe.

L'avare regarda la maigre soupe et s'étonna : "Comment, dit-il, il n'y a que de la soupe au paradis ? Je pensais que c'était un lieu d'abondance et de générosité..."

L'ange lui répondit : "Vois-tu, au paradis, on trouve ce qu'on amène. Pour toi, il n'y a que ce bol de soupe".

Quand il se réveilla, l'avare avait pris la résolution de changer.

Je veux t'enseigner
"La Reconnaissance"

> O Fille de la Terre
> Je veux d'enseigner
> La Reconnaissance
> Pour la terre
> Les lacs
> Les plantes qui te nourrissent
> Et pour tous les animaux
> Qui souffrent pour les hommes

En fait cette stance, semble-t-il, a besoin de très peu de commentaire. Elle décrit tout d'abord l'état perpétuel dans lequel se trouve l'homme de la *4eVoie*, l'état de gratitude et de reconnaissance envers la vie, envers toute chose et envers tous les êtres, l'état de reconnaissance et de gratitude envers tout ce qui est bon, de ce qui lui arrive de bon, de tout ce qui est beau et comme nous l'avons si souvent dit, état de reconnaissance même envers ce qui ne l'est pas, envers ce qui s'oppose à lui, parce qu'il sait que lui-même grandit à travers ce qui s'oppose à lui. Alors, que les événements soient fastes ou néfastes, il porte en lui cette gratitude. Utiliser cette stance avant les repas, à la manière d'un *"benedicite"*, une bénédiction du repas, est une façon de se souvenir que sans cette interrelation entre tous les êtres, quelque soit leur niveau, aucune vie, aucune évolution n'est possible.

La souffrance animale :
une énergie produite pour le maintien
de la vie organique sur terre

Et puis, il y a une phrase qui dit la gratitude que nous devons aussi avoir envers *"ces animaux qui souffrent pour les hommes"*.

La théorie théosophique dit que les animaux sont les sacrifiés de l'évolution et que c'est à cause d'eux que l'être humain peut et a pu se développer et devenir pleinement humain. Au premier degré, l'homme exploite évidemment le monde animal, en tire une partie de sa nourriture, pire, une grande partie de choses beaucoup plus superficielles encore, une grande partie de ses cosmétiques. Il les utilise pour les faire souffrir dans les laboratoires pour des recherches soi-disant médicales, tout cela au premier degré, et il les mange.

D'un point de vue cosmique, ils sont les producteurs d'une certaine énergie. La souffrance animale, qu'elle lui soit infligée par l'être humain ou tout simplement la souffrance de l'animal qui nous semble si inutile, est une souffrance utile pour une autre raison, elle participe à l'évolution de la terre elle-même. Gurdjieff disait qu'il faut que sur terre, dans la vie organique, soit produit une certaine quantité d'énergie et la souffrance des êtres, les guerres, les famines, tout cela contribue à produire une certaine quantité d'énergie qui maintient le système dans son état de fonctionnement et lui permet de continuer à évoluer. C'est le processus normal de la vie organique. Et, avec quelques autres Maîtres de sagesse, il osait parfois imaginer qu'il y aurait peut-être assez d'hommes sur terre à faire des efforts qui compensent la souffrance des autres hommes, qui donc leur éviteraient de souffrir et qui compenseraient une partie de la souffrance animale de façon à ce que ceux-ci aussi aient moins à souffrir.

Est-ce que vous avez déjà réfléchi à ce que signifiait autrefois, chez les peuples un peu plus primitifs - et pas seulement chez les primitifs, dans beaucoup de religions ça se passait comme cela, et encore aujourd'hui - le sacrifice des animaux ? Pourquoi est-ce qu'on sacrifie ou on sacrifiait des animaux ? Apparemment, au premier degré, c'était pour calmer les dieux, pour se rendre agréable aux dieux. En réalité, ça servait à autre chose. Les sacrifices des animaux produisaient une souffrance animale supplémentaire qui devait - non pas par la clémence des dieux, mais tout simplement par ce système de la nécessité de produire des énergies et de produire de l'énergie en sacrifiant des animaux -, signifier moins de guerres, moins de famines, moins d'épidémies pour les êtres humains. C'est la véritable cause, la véritable raison des sacrifices animaux, tels que ceux qui guidaient les peuples à cette époque-là connaissaient l'évolution des choses, connaissaient le fonctionnement des mondes. Et ensuite évidemment, avec la détérioration de la connaissance des réalités spirituelles, de l'interrelation de toutes les classes d'essences, c'est devenu plus superficiel, il fallait amadouer les dieux. Et plus tard, on ne savait plus à quoi cela correspondait, il fallait faire un sacrifice. Le mot sacrifice a pris un autre sens. Il signifiait faire quelque chose de sacré et maintenant, quand vous faites un sacrifice, vous donnez quelque chose ou bien vous ne faites pas quelque chose. Il y a encore un léger relent de la notion de sacré dans le fait de faire un sacrifice.

En tout cas, la responsabilité de ceux qui commencent à savoir, à comprendre les choses, c'est d'être des hommes et des femmes qui comprennent le sens du mot sacrifice, de faire des actes sacrés, non pas de se sacrifier sur les autels de la bêtise humaine, mais de faire des actes sacrés, des efforts pour évoluer soi-même. Cela permet, non seulement, de sacrifier ses propres souffrances inutiles, mais en plus, cela permet de soulager la souffrance du monde dans l'esprit de ce Dieu des chrétiens qui vient s'immoler - et il dit bien comme on immolait les agneaux - c'est-à-dire qu'il remplace les sacrifices animaux. Il est un être d'une telle qualité que l'énergie produite du point de vue de l'interrelation des classes d'essences et de l'évolution de l'humanité, que l'énergie produite par la mort d'un être de cette qualité suffit à supprimer les besoins de tous les sacrifices animaux ou humains, sacrifices dans le sens où on les tuait. A partir de ce moment-là, il n'y a plus besoin de tuer aucun animal, il n'y a plus besoin de tuer aucun être humain. On peut abolir la peine de mort pour les hommes et pour les animaux.

Nous sommes à l'époque de Pâques qui correspond à ce geste de celui que les chrétiens appellent leur sauveur ou le sauveur du monde dans ce sens là.

La souffrance volontaire ou l'effort conscient : souffrir pour une raison supérieure

Les souffrances inutiles compensent un certain karma, donc ont un effet d'équilibrage énergétique. Elles produisent de l'énergie, mais du point de vue de l'homme qui essaie d'évoluer, c'est une énergie qui va dans une espèce d'énergie commune qui est produite, mais qui ne sert pas à sa propre évolution. Or, il est possible de faire servir ce qu'on fait aussi bien aux autres qu'à soi-même. Et donc l'effort ou la souffrance qu'on ne peut ni changer ni éviter - et pour cette raison on l'accepte pleinement et elle devient une souffrance volontaire - a cet effet-là. Mais il est encore mieux d'arriver à remplacer toutes les différentes formes de souffrances par l'effort conscient. Vous pouvez souffrir comme les animaux, pour rien, si ce n'est pour cette grande énergie cosmique, pour la continuation de la vie organique sur terre. Vous pouvez aussi souffrir pour une raison supérieure d'une autre qualité de souffrance qui n'est plus cette souffrance inutile, qui est la souffrance volontaire ou l'effort conscient.

Votre situation est bien celle-ci : vous choisissez d'appartenir simplement à la vie qui naît, souffre, connaît quelques plaisirs, dégénère et meurt, ou bien vous pouvez créer en vous une dimension qui se hisse au-dessus de cette vie ordinaire. C'est là le but de tous les *chemins spirituels*, retrouver ce qui en vous est d'origine au dessus du terrestre et du matériel. En fait, retrouver en vous ce qu'il y a de plus élevé tout simplement. Et ça, vous ne le pouvez pas si vous ne faites que souffrir de façon ordinaire. Nous parlons beaucoup de souffrance, mais si vous pouvez éviter la souffrance, faites-le. N'oubliez pas cela, il ne s'agit pas d'être masochiste, pas même ascète, il s'agit de comprendre la souffrance, sa nécessité et le fait qu'elle est parfois inévitable et d'autre part le fait qu'on peut l'éviter et qu'on peut la transformer.

Je veux t'enseigner
"Le Jeûne véritable"

O Fille de la Terre
Je veux t'enseigner
Le Jeûne véritable
C'est celui qui contrôle
La faim du corps
Et refuse de nourrir
Les désirs de l'âme
Il sait que trop manger
C'est nourrir l'animal
Et tuer l'ange

"Il contrôle la faim du corps
et refuse de nourrir les désirs de ton âme"

Le jeûne a donc nécessairement à voir avec les désirs de l'âme. Jeûner de ce point de vue-là n'est pas nécessairement ne rien manger. Manger, c'est prendre pour soi, pour son ego et *"le jeûne véritable"*, c'est lorsqu'on ne donne plus rien à l'ego. L'ego ne se nourrit pas de bonnes choses, mais uniquement de ce qui est faux, et les désirs de l'âme ne sont pas quelque chose de juste.

Le jeûne pratiqué dans les trois centres

Dans la plupart des religions, le jeûne doit mener à être un peu plus détaché du monde matériel et de ce qu'il y a de plus matériel, c'est-à-dire de tout ce qui vient du centre des instincts. Il doit vous montrer à quel point vous êtes limité, prisonnier dans votre centre des instincts, et de temps en temps vous pouvez faire un effort pour vous en libérer. Pratiquer le jeûne au niveau du centre des instincts, c'est déjà manger moins.

Parmi vous, certains ont décidé de pratiquer le Carême. Dans cet esprit, quelques-uns ont décidé de supprimer des aliments mais ils les remplacent par d'autres. Par exemple, une personne a décidé de ne plus manger de sucre mais elle est vite allée s'acheter deux grands pots de miel. Quand vous décidez de supprimer des aliments, si vous voulez faire un Travail ne les remplacez pas par autre chose !

Ensuite, le jeûne se pratique au niveau de tous les autres centres. Au niveau du centre sexuel, vous pouvez de temps en temps être abstinent, mais pas trop longtemps car cela vous monte à la tête. Le jeûne au niveau du centre du mouvement, c'est arrêter de bouger tout le temps, c'est vous asseoir calmement de temps en temps et ne plus bouger, c'est ce qu'on appelle la méditation assise.

Le jeûne dans le centre émotionnel, c'est vous abstenir de tout ce qui est négatif. Ce jeûne commence par la non manifestation des émotions négatives. En fait, le véritable jeûne n'est pas celui des aliments, il est celui des émotions négatives, de la considération intérieure. Le Carême par exemple, c'est aussi arrêter de nourrir ce qu'il y a d'inférieur en soi, quelque chose de la fausse personnalité, l'orgueil, le mensonge... Laissez les efforts dans le domaine matériel ou physique aux gens ordinaires et faites des efforts de qualité supérieure. Alors peut-être vivrez-vous correctement la fête de Pâques, passage d'un état à un autre, renaissance au niveau supérieur.

Quelqu'un me disait récemment que pour l'Islam, le jeûne n'est pas seulement celui de la nourriture, il est aussi celui des émotions et des sentiments négatifs. Il ne faut plus nourrir la partie la plus animale de soi-même. Pendant le Ramadan, il ne s'agit pas seulement de ne pas manger, il s'agit aussi de ne plus se mettre en colère, de ne plus être jaloux, envieux, etc.

Le jeûne intellectuel, c'est arrêter d'argumenter, de penser tout le temps à tout et à rien, c'est faire un peu le vide. Il est vrai que le moyen par excellence pour arriver à faire tout cela en même temps, c'est la pratique de la méditation. Les périodes de méditation intensive et même la méditation tout court pendant quelques instants par jour vous mettent en état de jeûne. Partout et dans toutes les spiritualités on pratique la méditation, une forme ou une autre de méditation, parce qu'on sait que la méditation est la clef. Alors, même si au début vous ne la faisiez que pendant deux minutes, ce serait déjà bon.

Sur le *Chemin*, il y a un minimum à pratiquer. Mais le jeûne se pratique comme toutes les activités enseignées sur les chemins ou dans les religions. En ce qui concerne ces activités, posez-vous toujours la question : "Qu'est-ce que je peux faire de cela dans le centre physique, dans le centre émotionnel et dans le centre intellectuel ?" Et vous trouverez toujours des réponses. Vous verrez qu'il y a des centres dans lesquels vous pouvez travailler et d'autres où vous ne le pouvez pas encore.

Le jeûne : un exercice sur l'avidité

On peut tout faire au premier degré ; au deuxième degré, on peut tout faire bien, mal, mieux, encore mieux et, du point de vue d'un Travail spirituel, dans le Travail qui est un Travail sur soi, jeûner peut parfois être un exercice, une attitude pendant un temps.

Jeûner - bien que j'explique que le jeûne s'applique aussi aux pensées, aux émotions -, jeûner est un exercice matériel, une ascèse matérielle. Et devenir plus riche matériellement en pratiquant une ascèse matérielle, là il y a un problème. Dans les Ecoles de Sagesse, lorsqu'on jeûne, ce jour-là on distribue encore plus de biens aux indigents et aux pauvres sinon on s'enrichirait en jeûnant, or c'est ce qu'on ne veut pas. On veut devenir plus

COMMENTAIRES INITIATIQUES DU CHANT DE L'ETERNITE

pauvre à tout point de vue et pas nourrir un autre trait qui est l'avidité.

Imaginez quelqu'un qui jeûne, en principe il agit aussi dans son jeûne contre un trait qu'on appelle l'avidité, pas seulement, mais c'est un aspect. Agir contre l'avidité en jeûnant et d'autre part en gardant ce qu'on aurait pu consommer, en gardant son argent ou les biens auxquels le jeûne correspond, du point de vue spirituel, c'est tout perdre. On peut aussi imaginer quelqu'un qui jeûne pour maigrir un peu ou pour faire un effort de volonté ou pour s'amuser, pour voir comment cela se passe – et j'imagine qu'il y a encore bien d'autres raisons de jeûner.

Mais du point de vue de l'intelligence du *Chemin* il y a une dimension tout à fait différente. Et lorsque je parle de jeûne, comme je le fais dans le livre *"La Nouvelle Psychologie Spirituelle, tome I : Les traits du caractère"*, je ne peux pas laisser passer quelque chose d'aussi important qui est la relation entre l'avidité et le jeûne. En tout cas une idée importante est toujours : sur le *Chemin*, parce que quelque chose en nous évolue tout à fait positivement, grandit, devient plus fort, nous sommes donc toujours à la merci d'autre chose encore, nous sommes toujours à la merci de l'ego qui s'enfle et de l'orgueil, mais également de n'importe quel autre trait du caractère. C'est la raison pour laquelle, lorsque sur le *Chemin* nous faisons quelque chose pour nous, nous devons penser à faire quelque chose pour les autres, nous devons penser à le compenser pour les autres. Sinon il se passe ce qu'il se passe souvent sur le *Chemin* : l'ego, alors qu'on dit le combattre ou le transformer, en réalité, s'enfle de plus en plus.

Il s'agit là d'un principe beaucoup plus général encore : quand vous faites un Travail sur un trait négatif en vous, un défaut, une émotion négative, il faut toujours mettre autre chose à la place. N'oubliez pas ce principe, il est très important. Si vous jeûnez pour travailler sur l'avidité par exemple, mais sans rien donner à quelqu'un d'autre, vous ne mettez rien à la place, et donc, en jeûnant, vous devenez plus avide... Les Evangiles des Chrétiens racontent une histoire à ce propos. On a fait un Travail sur quelque chose, on a bien nettoyé la maison, elle est propre, on a chassé le démon, la maison est vide. Et parce qu'on n'a rien mis à la place, le démon est allé chercher six autres démons et ils reviennent à sept maintenant. Et la situation est pire qu'avant...

Le véritable *Chemin* est à la fois un chemin tout à fait individuel mais qui est nécessairement aussi ouvert sur les autres, ce qui fait que chaque exercice peut devenir très facilement, non seulement un exercice du Travail sur soi mais aussi quelque chose pour les autres. Et c'est dans ce sens-là que le *Chemin* est éminemment altruiste, ouvert aux autres. Mais il est vrai qu'il faut un certain niveau de compréhension et un certain niveau d'être, donc de cœur, pour commencer à voir la relation qu'il y a entre toutes ces choses. Et en principe les gens commencent à voir ça que très très tard... Ou bien il y a ceux qui ont le cœur dès le départ, qui sont des bons samaritains, des religieux, des religieuses, ceux là ont le cœur sur la main immédiatement mais eux ont un tout autre Travail à faire, le Travail qui est justement sur leur propre individualité et, en générale, ils rechignent à faire ce Travail-là.

Le jeûne vous rapproche du monde angélique

Dans toutes les Ecoles de Sagesse, il y a au moins trois principes de base : le contrôle de la respiration, la méditation et le jeûne. Or le jeûne a une signification très particulière. Jeûner, c'est ne plus apporter de nourriture au corps physique, comme s'il n'en avait plus besoin. Or un esprit humain incarné dans un corps physique humain qui n'aurait plus besoin de nourriture, serait semblable à un esprit beaucoup plus évolué que lui, qui n'a plus de corps physique et ne se nourrit plus de matière physique, à un être hiérarchique que les chrétiens appellent *"ange"*. Le sens véritable du jeûne est de permettre à l'être humain de se rapprocher de sa prochaine étape d'évolution en se rendant semblable à cette entité, en n'étant plus dépendant de ce qui est physique. Jeûner, c'est se rapprocher du monde angélique.

Je veux t'enseigner
"L'Obéissance volontaire"

O Fille de la Terre
Je veux t'enseigner
L'Obéissance volontaire
Seul celui qui a appris à obéir
Peut devenir
Un véritable guide des hommes
Il est semblable à un soleil
Au centre d'un monde
Et pourtant il suit la course du cercle
Car il sait le sens du mot discipline

Cette stance se comprend sur deux niveaux. Tout d'abord, le niveau tout à fait extérieur de la stance : *"Seul celui qui a appris à obéir"* - donc à comprendre, à apprendre, qui a acquis une certaine *"discipline"* - peut devenir un guide. On n'apprend que par une certaine forme d'obéissance, ne serait-ce que l'obéissance à la vie ou à l'expérience que l'on fait.

Discipline et non obéissance.
Une connaissance apprise, comprise et appliquée

Le *disciple* et la *discipline* sont deux mots qui viennent du latin "disco" qui veut dire "apprendre". La discipline telle que nous l'entendons, telle que l'entend la stance, signifie qu'on a appris quelque chose. Celui qui a pris connaissance d'une information, qui l'a comprise et qui l'a appliquée, celui-là a de la discipline. Et chaque fois que vous avez entendu un principe et que vous ne l'avez pas compris, vous ne pouvez pas avoir de discipline, vous ne pouvez avoir que de l'obéissance. La discipline naît lorsque vous comprenez réellement ce que vous avez entendu et que vous avez la conscience suffisante pour l'appliquer. Dans la discipline il y a la liberté, il y a le choix libre de quelqu'un d'intelligent, de quelqu'un qui a compris.

Sur le Chemin, il faut cultiver une intelligence des choses

Quand j'ai un problème dans un domaine que je ne connais pas, je comprends que pour le résoudre il me faut consulter un spécialiste. Je ne lui demande pas pourquoi il fait telle ou telle chose, parce qu'avant j'ai compris que son métier est de m'aider dans cette affaire. Sur le *Chemin* il faut, avant tout, cultiver une intelligence des choses, c'est elle qui vous permet de savoir où il faut placer la compréhension, et dans la compréhension il y a des moments où il faut obéir à quelque chose et même parfois à quelqu'un. Il y a un élément technique qui intervient et notre intelligence c'est de voir où se situe l'élément technique et où se trouve le risque d'une manipulation psychologique. Or, au niveau psychologique, aucune manipulation, aucune obéissance, il faut tout repenser par soi-même et tout décider pour soi-même, prendre la responsabilité de sa vie pour soi-même et ne jamais la remettre entre les mains de qui que ce soit. C'est là un principe essentiel.

L'obéissance volontaire : l'obéissance à ce qu'on a compris, intégré, fait sien

La véritable discipline, c'est avoir reçu une information, l'avoir pensée, l'avoir comprise, l'avoir acceptée, donc lui avoir accordé une valeur et ensuite l'appliquer. Ceci est le premier degré d'explication de la stance.

La véritable discipline conduit à ce qu'on appelle, en Psycho-Anthropologie, *l'obéissance volontaire,* c'est-à-dire à la décision d'obéir, mais cette fois à quelque chose qu'on a compris, à quelque chose qui n'est plus hors de soi, mais qu'on a intégré.

L'obéissance volontaire signifie pour nous la compréhension de quelque chose de supérieur qu'on pratique alors avec *discipline*.

La lutte nous amène à la transformation de notre être

Normalement, pendant longtemps, il est possible que les choses ne vous conviennent pas, parce que vous n'êtes pas encore parfaits. Vous n'avez pas encore le niveau d'être de certains principes supérieurs, mais vous pouvez décider d'entrer dans les attitudes et les comportements de ces principes. Pendant longtemps, il y a lutte en vous, mais cette lutte vous mène peu à peu à la transformation de votre être et vous arrivez un jour à faire les choses sans qu'il y ait lutte parce que vous êtes devenus cette qualité noble. Vous vous êtes exercés intérieurement à l'appliquer, non pas par obéissance, mais parce que vous avez compris l'importance d'une telle qualité, et il y a lutte jusqu'à ce que votre être soit au niveau de cette qualité. Et le fait de la pratiquer déjà extérieurement vous y entraîne et vous permettra de l'acquérir d'autant plus vite. A condition que le raisonnement intérieur soit juste, que vous ayez compris pourquoi vous le faites et contre quoi vous luttez, et que vous ayez un but d'aller au-delà du défaut qui est à l'opposé de la qualité noble que vous essayez de développer.

L'obéissance ne peut jamais être imposée
Mais votre compréhension peut changer...

Vous décidez vous-même à quoi et à qui vous obéissez, pendant combien de temps et dans quelle situation et non pas aveuglément à telle ou telle chose ou à tel ou tel être. Ce à quoi vous obéissez aujourd'hui - toujours en l'ayant décidé volontairement - va nécessairement changer, puisque votre intelligence, votre être, votre compréhension vont changer... Si vous décidez une fois pour toutes à quoi, à qui, comment et où vous obéissez, votre évolution est achevée. Donc l'obéissance est toujours quelque chose de volontaire et ne peut jamais être imposée de l'extérieur par qui que ce soit ou par quoi que ce soit, sauf évidemment dans le cas de la loi des états et des sociétés auxquels il faut se soumettre pour le bon fonctionnement général. Ceci est une évidence pour nous, sauf quand ces lois sont tellement injustes, dans un pays totalitaire par exemple. Il faut alors se grouper pour essayer de les transformer.

" Seul celui qui a appris à obéir peut devenir un véritable guide des hommes"

Pour devenir un guide des hommes, c'est-à-dire quelqu'un qui est capable de transmettre à un autre, il faut être passé soi-même par une discipline, avoir appris soi-même la chose. On a compris et on met en œuvre. Et grâce à cela, et seulement de cette manière-là, on peut devenir un guide des hommes, c'est-à-dire, au premier degré, quelqu'un qui est un exemple, et au second degré, quelqu'un qui est capable de transmettre un *Enseignement* parce que lui-même est passé par la discipline : on lui a transmis les connaissances, il les a comprises, les a appliquées, et il peut maintenant les transmettre. On peut alors comprendre pourquoi un apprenti et même un compagnon ne peuvent être un guide des hommes. Seul un maître peut l'être, parce qu'il a tout appris.

Il est semblable à un soleil au centre d'un monde pourtant il suit la course du cercle"

Même s'il est au centre du monde auquel il transmet quelque chose, lui-même suit la course du cercle : il est lui-même lié à tout ce qu'il a appris et à tous ses maîtres. Il ne transmet pas n'importe comment et n'importe quoi, il suit la course du cercle, c'est-à-dire il se place lui-même sur cette circonférence du cercle où chaque point est à sa place. Il a une structure et il la suit. Il se perçoit lui-même comme un point du cercle, un point de l'univers, mais d'un univers qui a une forme, une intelligence, une sorte de perfection même, puisque le cercle représente cela. Il ne se situe pas en dehors, tout seul quelque part, mais il se situe comme un soleil au centre d'un monde, en sachant qu'il est intégré dans un monde encore plus grand qu'on appelle un cercle. Il se sent intégré, dans un état relationnel, on pourrait presque dire "écologique", avec le reste du monde, avec ceux qui le précèdent et ceux qui le suivront.

Il connaît le sens des niveaux et sait à quel niveau il appartient

Il suit la course du monde, mais il ne se prend pas pour le centre du monde, même si à un moment il est au centre d'un monde, là où il doit rayonner, là où il doit donner ce qu'il a à donner. Il sait par ailleurs qu'il est à la circonférence quelque part, c'est-à-dire qu'il ne s'identifie plus à une chose ou à une autre, il connaît sa responsabilité à son niveau, et ailleurs il sert autre chose. Il n'oublie jamais le sens des niveaux parce que ce qui se passe à un niveau n'est pas ce qui se passe à un autre niveau. Il sait qu'elle est sa place à un moment donné et ce qu'elle doit être à un autre moment, il sait qu'il est parfois le maître et parfois le serviteur, tout dépend du niveau, tout dépend du moment et du lieu. Et quand il est semblable à un soleil au centre d'un monde, il est dans sa position de guide des hommes, il éclaire le monde, il éclaire les autres.

Le deuxième degré de la stance : il s'adresse à l'essence

"Je veux t'enseigner l'obéissance volontaire, seul celui qui a appris à obéir peut devenir un véritable guide des hommes" :

Maintenant la stance s'adresse seulement à celui qui a appris à obéir, à celui qui en vous est capable d'apprendre et de comprendre : elle s'adresse à votre *essence*. Car en vous il n'y a rien d'autre qui soit capable d'apprendre, de comprendre ou d'obéir dans le sens où nous utilisons le mot. La personnalité, la fausse personnalité ne peuvent rien apprendre ou comprendre parce qu'elles sont une multitude de "moi", chacun tirant toujours dans sa direction. Elles n'ont aucune discipline : un jour une humeur, un autre jour une autre humeur, l'enthousiasme aujourd'hui et plus du tout demain... Aujourd'hui l'amour, demain l'indifférence ou la haine. Elles ne peuvent obéir à rien et quand elles ont une discipline, celle-ci est tellement sclérosée qu'elle ne mène nulle part.

Donc, si en vous l'*essence* a appris à obéir, elle peut devenir un véritable guide des hommes, des hommes en vous : cette multitude ! Vous avez un guide : votre *essence*, et ce qu'elle a compris. Votre *essence* devient un guide de tous les hommes en vous, de tous les petits "moi" en vous. Elle devient semblable à un soleil au centre d'un monde, parce que vous ne vous faites pas l'illusion que vous êtes complètement unifié, mais vous avez votre *essence* en vous comme votre soleil, vous avez l'amour, la chaleur, la compréhension en vous qui partent de votre *essence* que vous situez dans votre centre. Mais ce centre n'imagine pas qu'il est seul au monde, il sait aussi qu'il doit poursuivre la course du cercle. Il est lié à tout ce qui le précède, à tout ce qui suit et il est lié à tous les autres, il s'intègre dans le mouvement global de l'évolution, à un niveau supérieur et non pas au niveau inférieur de la biosphère.

Ce deuxième degré de la compréhension de l'obéissance volontaire est le plus important pour vous : c'est que chacun d'entre vous arrive à vivre à partir de son *essence*, à partir de son propre centre. Le soleil intérieur, c'est l'*essence*.

L'obéissance au Chemin :
le moyen de réaliser le but qu'on s'est fixé

Pour l'*Enseignement*, il n'existe qu'une sorte d'obéissance : celle au *Chemin*, au Travail, à l'*Enseignement*, à la Connaissance, c'est-à-dire au niveau supérieur, à la conscience supérieure, ou à ce que certains appellent le Royaume des cieux. C'est la seule obéissance possible. Qu'on soit maître ou élève, il n'y a qu'une chose à faire : obéir au *Chemin*.

Il faut beaucoup de temps aux élèves pour comprendre réellement cette idée de l'obéissance au *Chemin*, puisque lorsqu'on obéit au *Chemin*, on ne fait plus seulement ce qu'on a envie de faire, ou plutôt on ne le fait plus comme on a envie de le faire mais à partir d'un niveau supérieur. Chacun continue de faire ce qu'il veut faire mais à partir d'un niveau supérieur. L'obéissance est en effet totalement liée à l'idée de liberté, et entre autres, celle qu'a chacun de se fixer un ou des buts sur le *Chemin*. L'obéissance dont nous parlons n'est alors qu'un moyen de réaliser le but qu'on s'est fixé. Et le but essentiel, le but central du *Chemin*, exprimé de façon simple, est de passer du niveau d'être où on se trouve à un niveau d'être supérieur.

En attendant vous pouvez vous approcher de cette forme d'obéissance en démasquant vos schémas anciens d'obéissance et en les remplaçant petit à petit - il s'agit là d'un processus - par une compréhension nouvelle, et pour cela il faut du temps. La façon d'obéir intelligemment est de s'adapter à la situation. Quand intérieurement vous vous révoltez contre quelque chose, c'est qu'il y a un problème, soit effectivement on essaye de vous oppresser, soit vous avez un problème intérieur, vous êtes dans un état d'adolescence, de révolte contre une autorité. L'attitude adulte est de voir la situation, de la comprendre et prendre une décision. La révolte signifie que quelque chose n'est pas assimilé, c'est une attitude infantile, sauf quand on est réellement opprimé, alors il faut se révolter.

Je veux t'enseigner
"La Négation et l'Affirmation"

O Fille de la Terre
Je veux t'enseigner
La négation et l'affirmation
Crie le "non" sacré
A la face de toutes les illusions
Que ton "non" soit comme la tempête
Qui chasse les nuages du ciel
Alors seulement tu pourras dire "oui"
Aux messagers de la lumière et du soleil
Qui sont les guides
Vers l'Immortalité

Négation et Affirmation :
c'est la stance de la volonté

Le mouvement mis sur cette stance est un mouvement bien particulier. Dans un premier temps, il ne s'élève pas comme la plupart des autres, il descend et ensuite seulement s'élève. Ce mouvement s'ancre d'abord, c'est-à-dire qu'il s'incarne, il représente une manifestation terrestre et matérielle, une volonté incarnée. C'est une stance de la volonté, de la volonté qui s'affirme. Elle crée de la volonté, elle éveille de la volonté en soi. Si vous ne faites rien de cette force de volonté, elle va se transformer en ce que j'appelle la "volonté retenue". Alors, elle peut avoir un effet intérieur destructeur.

Une bonne partie de la stance montre bien l'élément volontaire essentiel, l'élément de force nécessaire, de force d'incarnation, la force du Travail en fait : La tempête qui chasse les nuages du ciel, le cri du "non sacré", le non à toutes les illusions. Il faut être capable de voir toutes les illusions et une fois qu'on les a vues, il faut encore trouver la force de les dépasser, ce qui n'est pas évident.

L'autre face de la force : la douceur

La première partie de la stance décrit cette action extrêmement volontaire et d'opposition à quelque chose qui existe tout en étant illusoire, à tout ce qui est faux. Et il faut une énorme force pour arriver à vaincre la maya des hindous, pour voir toutes les illusions et ensuite, avec la force, les dépasser pour entrer dans un autre état d'être où il n'y a plus qu'une seule chose nécessaire, *la douceur*. Alors, seule la force de la douceur est nécessaire. Avant on avait la tempête où le vent souffle, où la pluie tombe, même la grêle qui emporte tout et ensuite on a la douceur qui est une autre forme de la force. En réalité, la douceur est l'autre face de la force, qui est la force de l'eau qui coule tout simplement, de l'eau qui ruisselle. C'est la force de la douceur qui dit oui à tout. Mais on ne peut commencer à dire oui à tout qu'à partir du moment où on a démasqué l'illusion. Alors, on peut dire oui devant l'illusion, oui à un certain niveau qui est le "non" extrêmement vigoureux face au pouvoir de l'illusion.

Il y a deux étapes, d'abord celle de la lutte et ensuite un jour la lutte s'arrête, même face à l'illusion. Alors on dit oui à tout, à un autre niveau. Lorsqu'on a dit "oui" aux messagers de la lumière, cette lumière éclaire même les ténèbres. Mais il y a un premier stade, celui du combat pour sortir des ténèbres. Même à ce moment-là, quand la lumière entre dans certaines ténèbres, elle ne peut les éclairer et les rejettent.

✧

Je veux t'enseigner
" La Confiance en l'Eternité"

O Fils de la Terre
Je veux t'enseigner
La Confiance en l'Eternité
Souviens-toi
Que tu portes l'Eternité en toi
Que sa force agit en toi
Et qu'elle veille à ta subsistance
Alors toi veille à réaliser
Son œuvre

La pratique du Chemin fortifie la confiance

Cette stance est certainement une réponse à la peur. La confiance naît de la pratique. Vous vous mettez sous des influences supérieures : la confiance vient. En pratiquant, les qualités supérieures s'installent. La confiance naturelle ne sert à rien si elle n'est pas fortifiée par la pratique. Il y a des personnes qui ont un tempérament optimiste et confiant. Tant mieux, cela les aide au début. Mais cette confiance est basée sur un acquis, elle a besoin d'être entretenue par la pratique. Si elle ne l'est pas, comme tout ce qui n'est pas nourri, elle disparaît et meurt. Souvent, ces personnes connaissent des périodes de forte dépression. Par contre, si cette confiance est entretenue par une pratique, elle peut s'accroître. Mais c'est le cas aussi pour les plus pessimistes.

Pratiquer, c'est se rattraper à la corde qui sauve, c'est se mettre sous des influences supérieures, reconnaître les principes, les voir à l'œuvre dans sa vie et les appliquer. La pratique vous amène des résultats et on ne peut bâtir que sur des résultats. Et cela mène à réaliser l'œuvre de l'Eternité en soi et autour de soi, au don de soi. Et chaque résultat est une pierre de fondation à l'Œuvre de l'Eternité.

" La force de l'Eternité agit en toi"

Cette force vous permet de vous voir nul, sinon votre orgueil, vos tampons vous en empêcheraient. La force de l'Eternité agit déjà là : dans le fait que vous soyez conscient de quelque chose. Ensuite, grâce à cette force, vous trouvez en vous le désir de vous améliorer. C'est elle qui vous a poussé vers le **Chemin**, elle est partout agissante parce que vous avez une *essence* suffisamment développée pour vous intéresser à son propre développement.

Veiller au Grand Œuvre
Une participation consciente à l'évolution...

"Veille à réaliser son Œuvre"... Dieu a besoin des hommes et Il apporte son aide à l'homme en lui disant : "Ne te préoccupes pas de toi, le destin veille sur toi, Dieu veille sur toi. Et si effectivement tu ne te préoccupes pas de toi, la force te sera donnée. Et tu n'as qu'une seule chose à faire : essayer d'être une aide à la réalisation de l'*Œuvre*.

Cette stance s'adresse à l'homme qui a véritablement compris la nature de sa vie, la nature du destin et qui est définitivement engagé sur son chemin. Il vit tout ce qu'il y a à vivre, il fait tout ce qu'il y a à faire mais il n'y est plus attaché. Tout ce qu'il fait, il le vit soit en conscience, en étant présent, soit en participant à ce qu'on appelle habituellement le *Grand Œuvre*, c'est-à-dire en étant un membre conscient du processus de l'évolution.

... qui ne peut aller sans la réalisation de soi-même

Veiller au *Grand Œuvre*, veiller à l'œuvre de l'Eternel, ne peut aller sans la réalisation de soi-même. Un être à demi réalisé ne peut qu'à demi veiller à l'œuvre de l'Eternel. La possibilité de participer de plus en plus consciemment à cette œuvre de l'évolution en se situant exactement à la place qui est la sienne, nécessite donc le Travail sur soi, c'est-à-dire développer ses propres potentialités, dépasser tout ce qui en soi n'est pas lié au niveau supérieur. Mais en même temps, pendant toute cette période où on commence à se réaliser, déjà veiller au *Grand Œuvre* en travaillant avec ceux qui sont au Travail sur le *Chemin.*

Le seul jeu qui vaille la peine d'être joué

Un jour on comprend que c'est la seule chose qui importe réellement, le seul jeu qui vaille la peine d'être joué. Nous avons parlé de différents jeux, jeu de la vie, jeu du maître... Jeu du maître ou jeu de l'Œuvre, puisque seul un maître est capable de réaliser une œuvre, les autres sont des apprentis, des compagnons dont le but est de passer maître et de devenir capable d'œuvrer réellement. Et pourquoi œuvrer pour des choses de peu d'importance alors qu'on porte en soi l'Eternité, pourquoi ne pas jouer le jeu de l'Eternité, puisque c'est ce qu'on possède de plus beau, de plus élevé en soi ? Et comme vous vous en souvenez l'avantage du jeu du maître, c'est qu'il permet de jouer tous les autres, mais tellement plus légèrement, tellement plus simplement, avec tellement plus de détachement, avec tellement moins de souffrance.

Je veux t'enseigner
"La Sentence de l'Eternité"

O Fille de la Terre
Je veux t'enseigner
La sentence de l'Eternité
Que sans cesse ta pensée invoque
Le nom de l'Eternité
Que sans cesse tes lèvres
Murmurent sa Parole

"Que sans cesse ta pensée invoque le nom de l'Eternité
Que sans cesse tes lèvres murmurent sa Parole"

Connaissez-vous le nom de l'Eternité, connaissez-vous ses paroles ? Il ne faut pas chercher quelque chose d'impossible, c'est quelque chose que tout le monde connaît et que tout le monde fait tout le temps.

Ces stances sont d'origine soufie, c'est donc dans cette direction que doit aller notre recherche. Que peuvent bien faire les soufis, que peuvent-ils bien nous dire. Dans le dikhr, cette répétition extérieure, les soufis expriment ce qu'ils pensent en plaçant leur pensée sur la respiration, sur l'inspir et sur l'expir :

Allah - Hou ! Allah - Hou ! Allah - Hou !

Sur l'inspir, *"Allah"* : *Que sans cesse ta pensée invoque le nom de l'Eternité".*

Sur l'expir, *"Hou"* : *Que sans cesse tes lèvres murmurent ses paroles".*

"Allah - Hou !", la sentence de l'Eternité.

Pour les soufis, il existe deux noms de Dieu, deux noms de l'Eternité, deux noms essentiels : Allah et Hou. Pour eux, il y a ensuite 99 autres noms qui sont les attributs de Dieu. Le premier de ces deux noms est universellement connu, pas seulement par les Musulmans, mais également par tous les chrétiens qui parlent arabe. Eux aussi appellent Dieu : "Allah !"

Donc "Allah" est le plus grand, le plus beau nom de Dieu selon eux, et une autre façon de prononcer son nom c'est : "Hou"... Allah - Hou ! Allah - Hou ! Ce sont les deux mots les plus prononcés par les soufis, les plus chantés, les plus récités, les plus pensés, ceux qui sont répétés *sans cesse*. Pour les soufis, *"la sentence"* veut dire la répétition de ces deux noms de Dieu.

Pour nous, la sentence de l'Eternité veut dire autre chose : tout simplement être conscient de sa respiration, de l'inspir et de l'expir. Le nom de l'Eternité, c'est celui qui donne la vie, constamment. Les chrétiens diraient le Logos, le Verbe, le Christ, lié nécessairement au souffle, au souffle qui est l'Esprit, l'Esprit-Saint. Pneuma en grec c'est l'esprit, c'est l'inspiration. Voilà ce à quoi fait allusion cette stance.

Je veux t'enseigner "La Passion"

O Fils de la Terre
Je veux t'enseigner
La Passion
Celle qui d'un instant fait un siècle
Et qui dans une fleur sauvage
Découvre des myriades d'étoiles
Celle qui d'un regard embrase
Les yeux de l'aveugle

La passion véritable vient de l'intérieur. Elle existe en dehors de la loi du pendule, en dehors du balancier. Et on ne devient pas triste pour autant ! Un vrai sage n'est jamais triste. De temps en temps, il peut être triste lorsqu'il regarde l'état de l'humanité, mais comme il est venu pour aider les hommes à changer, il ne peut être triste très longtemps. Vous savez, tout instant de tristesse est un moment sans passion, un moment perdu, et nous n'avons pas de temps à perdre.

Le secret de l'immortalité : La conscience

"Faire d'un instant un siècle", c'est-à-dire faire d'un instant un moment d'éternité, parce que celui qui arrive à être conscient du présent entre dans l'Eternité. Le temps est lié au passé et au futur, l'éternité est liée au présent. Vous savez que le secret de l'immortalité est la présence, la conscience, le rappel de soi, *"l'instant"* comme le dit cette stance, *"Celle qui d'un instant fait un siècle"*, puisque vous avez commencé à comprendre que c'est dans l'instant qu'on peut entrer dans l'Eternité, que l'instant est la porte par laquelle on entre dans cette autre dimension, où le

temps prend une tout autre forme, celle de l'Eternité ou de l'Immortalité.

"Et qui dans une fleur sauvage découvre des myriades d'étoiles..." Et cet instant devient dense, tellement plus vivant... Imaginez cela, vous qui en général ne voyez même pas les fleurs sauvages... Soudain cette capacité de découvrir dans une fleur toute l'intensité de la vie. Des myriades d'étoiles...

Le Chemin qui mène à la passion de tous les instants

Ce *Chemin* n'est pas seulement de combat, il mène en fait à une véritable passion, à une richesse aussi bien de la vie intérieure que de la perception extérieure. Ce n'est pas un chemin triste. Vous êtes triste quand vous êtes las dans votre lutte, identifié soit à votre conditionnement moral, soit aux désirs que vous n'arrivez pas à satisfaire. On dit des soufis qu'ils ne sont plus jamais tristes. Ils vivent encore les difficultés liées aux niveaux inférieurs, mais ils ne s'y identifient plus, parce qu'ils savent qu'il faut passer par les difficultés du corps, par les difficultés émotionnelles et même parfois intellectuelles, les difficultés de la vie tout simplement. Mais il n'y a pas de raison, en plus, d'être triste...

Eux savent ce qu'ils veulent, ils veulent le Supérieur. De plus, ils connaissent les lois de la vie, ils savent que le karma ou le destin nous met dans la situation la meilleure possible pour notre évolution. Celui qui se rappelle cela, qui sait que la situation dans laquelle il se trouve est la situation de son évolution, ici et maintenant, ne peut plus être triste, et il sait que chaque instant de tristesse est un instant perdu. Vous savez, chaque instant est compté, notre temps est compté, pourquoi le perdre, et de plus dans la souffrance inutile...

Le premier stade est l'apaisement dans l'âme apaisée. Puis, lorsqu'on vit réellement à partir de l'*essence*, c'est la passion, la passion de tous les instants. On voit alors mille choses que l'homme ordinaire ne voit pas... Des myriades d'étoiles dans une fleur sauvage. Les yeux deviennent infiniment plus ouverts.

Je veux t'enseigner que
"L'Amour de l'Eternité n'a pas de limites"

O Fille de la Terre
Je veux t'enseigner
Que l'amour de l'Eternité
N'a pas de limites
Elle est la source de toute grâce
Et sa compassion englobe toutes les créatures
Il te suffit de lever les yeux vers le ciel
Pour recevoir
Le don
De l'Immortalité

"L'Amour de l'Eternité n'a pas de limites"

"Elle est source de toute grâce et sa compassion englobe toutes les créatures".

La sagesse ou l'amour divin n'est pas limitée à une créature. En principe, tout est prévu et pour tout le monde, et ce n'est qu'à cause de l'avidité des uns que d'autres manquent du nécessaire.

"Il te suffit de lever les yeux vers le ciel, pour recevoir le don de l'immortalité". Il suffit de l'acte de confiance, et tout le reste s'installe. Quand je marche avec confiance tous les autres traits disparaissent. Je n'ai plus besoin d'avoir peur, je n'ai plus besoin de rien vouloir pour moi-même, j'ai la confiance. Je n'ai plus besoin de rien travestir parce que j'ai la confiance, et je n'ai pas besoin de l'abus du sexe, d'aucune forme de violence, je peux tout vivre avec confiance.

La confiance est quelque chose qui se cultive et qui se cherche lorsqu'on ne l'a pas. Elle est créée par des actes volontaires.

Heureux sont ceux qui l'ont naturellement. Pour les autres, il y a un Travail qui y mène, celui de la lutte contre les traits.

Pour cultiver la confiance : s'ouvrir aux autres

Le problème de la confiance est lié au regard qu'on porte vers le ciel. Tant que ce regard est autocentré, centré vers soi-même, on ne peut pas avoir la confiance, puisqu'on sait parfaitement que soi-même on est limité. Même celui qui s'illusionne le plus sur lui-même, n'ignore pas, au fond de lui-même, que seul, il ne vaut rien, que seul il ne peut rien. Malgré tous les tampons qu'on peut avoir chacun sait cela au fond de soi. Et si malgré tout, on reste centré sur soi, il est impossible d'avoir la confiance. Lorsqu'on arrête de tout ramener à soi, le sentiment de confiance se développe tout naturellement. Voyez la relation qu'il y a entre le manque de confiance et l'égoïsme. L'égoïsme est un immense mensonge à soi-même, puisqu'il implique qu'on se considère comme ce qu'il y a de plus important. Connaissant ses limites, comment pourrait-on avoir confiance en soi-même. C'est pourquoi la pratique d'ouverture aux autres conduit à la confiance.

Lever les yeux vers le ciel, pour ceux qui ne le font pas naturellement, cela fait partie des 10 % d'efforts à faire. En tout cas il faut faire quelque chose, s'asseoir et pleurer ne sert à rien. Alors, au moins lever les yeux vers le ciel, au moins cela. Vous pouvez même crier vers le ciel. Parfois les dieux sont occupés si loin de nous qu'il faut crier pour qu'ils nous entendent. Utilisez votre véhémence et votre débordement d'énergie sexuelle à crier après les dieux... Mais dès qu'ils répondent, redevenez gentils. Les dieux grecs acceptaient qu'on crie, mais seulement pour les appeler, mais pas une fois qu'ils étaient là.

L'amour conscient :
cet amour de l'Eternité qui n'a pas de limites

Et la stance nous dit : *"Il te suffit de lever les yeux vers le ciel"*, c'est-à-dire d'avoir en vue le bien de l'autre, le mieux, le supérieur pour lui. A ce moment-là, non seulement tu lui donnes tout ce qu'il t'est possible de lui donner, que tu sois au début du *Chemin* ou que tu sois déjà très avancé sur le *Chemin*, que tu sois un initié, peu importe, tu donnes à ta mesure.

Et pour toi il y a une certitude, lorsque tu es dans l'amour conscient, c'est le don de l'immortalité, même lorsque tu es prêt à aller en enfer pour l'autre.

Relation entre le Maître et le disciple

Cela nous rappelle l'histoire de Maître de Faria, celle de la relation entre le maître et ses élèves, l'histoire des actes bons. Aucun élève n'arrive aux portes du paradis avec suffisamment d'actes bons et lorsque le gardien des portes du paradis lui dit : "Mais tu ne peux pas entrer au paradis, tu n'as pas assez d'actes bons, peut être que tu peux en trouver quelque part. Alors l'élève se met à en chercher auprès de son père, de sa mère, de son frère, de sa sœur, de son épouse, de ses enfants. Malheureusement, chacun lui dit qu'il est lui-même en recherche d'actes bons car il n'en a pas assez pour lui-même. Et l'idée évidemment vient à l'élève : *"Ah ! j'avais un grand maître, il doit avoir des actes bons, certainement beaucoup trop pour lui-même, il pourra m'en donner quelques-uns"*. Il va trouver le maître et lui demande quelques actes bons. Hélas ! le maître lui aussi répond : "Tu sais, moi non plus je n'ai pas assez d'actes bons pour entrer au paradis, même pas assez pour moi-même. Mais à la différence de tous les autres qui continuent à en chercher pour eux-mêmes, moi je ne cherche plus d'actes bons, mais j'attendais que quelqu'un vienne pour les lui donner, pour que lui au moins puisse entrer au paradis". Voilà l'état d'esprit des Instructeurs ou des maîtres et les véritables élèves ont un état d'esprit qui ressemble à cela.

Lorsque Maître de Faria racontait cette histoire, il ajoutait : *"C'est parce qu'ils ont cultivé la véritable bonté et la véritable compassion que les maîtres et les élèves des écoles peuvent se sauver les uns les autres. Chacun est prêt à sacrifier sa place au paradis pour l'un de ses frères".*

Je veux t'enseigner
"Les Paroles de ce livre"

O Fils de la Terre
Je veux t'enseigner
Les paroles de ce livre
Celles de la Vérité
Et de l'Amour
Elles te montrent
Le Chemin vers l'Immortalité
Garde-les dans tes yeux
Dans tes mains
Et dans ton cœur

"Je veux t'enseigner les paroles de ce livre : celles de la Vérité et de l'Amour"

Les paroles de ce livre sont évidemment un *Enseignement* et le chemin vers l'Immortalité ou vers le monde spirituel passe par deux étapes obligatoires : d'abord celle de la compréhension, de la Connaissance, donc celle de la Vérité, puis celle de l'Amour. Et seul celui qui a la Connaissance, la Vérité, la Sagesse, peut atteindre l'Amour. Sagesse et Amour, ces deux aspects sont nécessaires. L'Amour seul ne suffit pas, il faut en plus la Connaissance qui, elle, mène au véritable Amour. L'amour humain, la forme inférieure de l'Amour, peut avoir pour objet aussi bien le mal que le bien ; on peut aimer le bien comme on peut aimer le mal. L'Amour véritable est fécondé par la Connaissance, par la Sagesse.

"Garde-les dans tes yeux..."

Vérité et Amour doivent être dans les yeux. Pour appréhender la réalité sans être dans l'illusion, il nous faut la force de la Vérité. Et l'amour, c'est celui qu'on voit dans les yeux de l'amoureux nous dit une autre stance !

"Dans tes mains et dans ton cœur..."

Les mains figurent les actes, la volonté qui s'incarne, qui construit les choses vraies, *le Grand Œuvre,* et la vie tout simplement. Elle les construit avec la force de la Connaissance et celle de l'Amour. Seuls, aussi bien la connaissance que l'amour peuvent mener à la destruction. Là aussi, il faut la présence conjointe de ces deux forces, sinon l'entreprise est nécessairement vouée à l'échec. Connaissance et Amour, ces deux forces conduisent à l'action ou à la création : *Sagesse Amour et Création*, ce sont les trois forces : la triade.

Sans ces deux éléments, la Connaissance et l'Amour, l'*essence* est incomplète et ne peut jamais arriver à la réalisation. Une *essence* réalisée possède à la fois un plein développement de la vérité dans le centre intellectuel supérieur et un plein développement de l'Amour dans le centre émotionnel supérieur. Le véritable cœur est fait de ces deux centres.

Si vous voulez réellement comprendre les stances, n'oubliez pas toutes les explications que je donne. Ensuite il vous faut encore trouver comment elles s'appliquent au niveau de tous les centres inférieurs. Les yeux s'adressent à la lumière, à la compréhension, le cœur représente le niveau émotionnel et les mains permettent de créer, elles incarnent *la volonté.*

✦

ANNEXE

L'Ennéagramme et les Stances
en lien avec l'histoire
de l'humanité et de l'homme en Chemin.

Par Jean-Marie Gries

Stance 1

O Fils de la Terre
Je veux t'enseigner
A Comprendre mon Enseignement
Il est l'œil
Que l'Eternité t'a donné
Pour voir ce qui est juste
Et ce qui ne l'est pas
Pour voir ce qui est caché
Et lire ce que murmurent
Les lèvres du silence

Il s'agit au départ de bien comprendre les principes, de comprendre l'*Enseignement* afin d'être en mesure de l'appliquer correctement. Si on ne comprend pas, on ne peut pas arriver à une pratique et donc aucune évolution intérieure n'est possible.

"Voir ce qui est juste et ce qui ne l'est pas" implique avoir le discernement, c'est faire un Travail pour découvrir ce qui est caché à l'homme ordinaire.

La stance 1 appelle la stance 2 puisque cette dernière concerne *"aimer le silence"*. Dans la fin de la stance 1 on découvre l'idée de la stance suivante.

Stance 4

O Fille de la Terre
Je veux t'enseigner
A lire mes livres
Ils te racontent
L'histoire de l'humanité
Celle des croyants
Et celle des incroyants
Ils t'invitent à l'Amour
Et à la connaissance
Ils te révèlent
Ton propre destin
Et les desseins de l'Eternité

L'homme commence alors à comprendre sa destinée, il n'est plus un être uniquement mécanique. Il sort peu à peu de la loi générale et prend conscience que son destin est d'aller au delà des lois de la biosphère, vers l'Amour et la Connaissance.

Stance 2

> O Fille de la Terre
> Je veux t'enseigner
> A aimer le Silence
> Il est le temple sacré
> Dans lequel
> Seules s'expriment
> Les paroles des Immortels
> Apprends à te taire
> Écoute
> Entends-tu le chant
> De l'Eternité

Au n° 2, nous trouvons l'*Enseignement* de la vertu du silence. C'est dans le silence intérieur que nous pouvons avancer sur le *Chemin*.

Sur l'ennéagramme céleste nous trouvons au n° 2 la nef Argo. Pour faire le lien avec le silence, il suffit de se souvenir de l'épisode de ce qu'ont vécu les Argonautes au voisinage de l'île des Sirènes. Les Sirènes sont des figures mythiques représentées par des monstres marins à la tête et à la poitrine de femme, le reste du corps étant celui d'un oiseau. Les Sirènes sont des êtres maléfiques dont le chant harmonieux détourne les marins de leur but premier pour les faire succomber à leur charme envoûtant.

Nous trouvons là l'image du bavardage intérieur et de la considération intérieure qui "hypnotise" l'homme au point de s'oublier totalement - comme les marins en présence des Sirènes. Que faire dans ce cas pour entendre le chant de l'Eternité ?

La mythologie et la P.A. donnent une réponse identique : on peut mettre autre chose à la place - que ce soit une stance, un mantra ou un exercice de respiration. Il s'agit de trouver un élément qui va nous permettre de trouver mieux à faire que de succomber au charme des Sirènes.

L'un des Argonautes, Orphée, use de sa lyre pour couvrir l'enchantement de la mélodie des Sirènes, sauvant ainsi ses compagnons d'une mort certaine. Ulysse, quant à lui, s'est fait attacher au mât. On pourrait dire qu'il garde une ligne et s'oblige à laisser passer le chant des Sirènes, à s'accrocher à ce qui est stable en lui-même, à ne pas se laisser séduire.

Stance 8

> *O Fille de la Terre*
> *Je veux t'enseigner*
> *Le Devenir*
> *Sache que seul l'homme peut devenir*
> *Car les plantes*
> *Et les animaux meurent*
> *La mort est pour l'homme de la Voie*
> *Un nouveau Devenir*
> *Sur le Chemin de l'Éternité*

Il s'agit de développer un élément supérieur immortel, permettant à l'homme de *"devenir"*. Pour arriver à l'Immortalité il faut passer par la mort initiatique permettant de ne pas disparaître dans le néant comme tous les éléments de la biosphère. Sur l'ennéagramme céleste nous trouvons au n° 8 la Baleine, cet animal dans lequel Jonas a disparu pendant 3 jours : les jours de l'initiation ancienne, avant la venue du Christ. Jonas n'est pas digéré par la Baleine, il ne retourne pas en poussière, il ressort transformé, allant vers un nouveau Devenir.

Stance 5

O Fils de la Terre
Je veux t'enseigner
A aimer les Sages
Car ils vivent déjà dans l'Eternité
Recherche leur compagnie
Non pour mendier
Mais pour les servir
Car auprès d'eux
Donner c'est recevoir
Leur loi n'est pas celle de la Terre
Mais celle de l'Eternité

Au n° 8 de l'ennéagramme céleste nous trouvons un être qui a connu l'Illumination, il a connu la "mort initiatique" ; il représente alors un être réalisé et la stance 5 décrit comment se comporte un élève sur le *Chemin* lorsqu'il a rencontré un tel Maître. La ligne 8-5 correspond à l'état d'élève. Si un être a compris ce que représente le *Chemin,* et s'il se décide à travailler auprès d'un Maître, il se situe sur cette ligne. Cela sous-entend, pour l'élève, se mettre au service du Supérieur et se laisser remettre en question. C'est là une façon de donner qui permet de recevoir, parce qu'alors on est au service de ce que représente le Maître, au service de la Connaissance. Parce qu'on a décidé d'abandonner ce qui n'est pas notre être véritable, on va pouvoir recevoir l'Aide permettant d'avancer et non pas l'aide qui convient à nos différents *moi.*

A partir du n° 8, l'être est soumis à moins de lois, il s'extirpe peu à peu des 48 lois auxquelles l'homme est naturellement soumis et la loi du n° 5, elle, n'est plus de la terre mais de l'Eternité. Une constellation qui se situe près de cette ligne semble intéressante à situer, c'est celle du Verseau. Le Verseau est représenté déversant sans cesse, il a visiblement un problème avec la façon de donner : il déverse sans prendre le temps d'écouter. Pour être correctement sur cette ligne il ne faut pas avoir ce type de problème avec le "recevoir" ou alors il faut effectuer un Travail à ce niveau-là. Quand on sait que la qualité que doit développer le Verseau est le service, on a la réponse : être au service des autres, apprendre à écouter pour pouvoir recevoir, car alors seulement s'appliquera *"donner c'est recevoir"*.

Stance 7

> O Fils de la Terre
> Je veux t'enseigner
> L'Espérance
> Elle est inscrite
> Dans les étoiles et les planètes
> Qui dessinent d'autres mondes
> Elles sont l'abri des âmes
> Et présagent l'aurore
> Des mondes à venir

C'est ici le chemin vers le n° 1, c'est-à-dire vers la nuit cosmique amenant des *"mondes à venir"*. Il s'agit d'une fin d'époque, c'est-à-dire d'une nouvelle incarnation de la Terre.

L'épisode de Prométhée et de la boîte de Pandore correspond à l'espérance dont il est question ici.

❖

En plus de ces stances nous trouvons, dans le triangle de l'ennéagramme, les principes fondamentaux permettant de poursuivre correctement le *Chemin*.

❖

Stance 3

> *O Fils de la Terre*
> *Je veux t'enseigner*
> *A être proche de l'Eternité*
> *Que chaque instant*
> *Soit pour toi le plus précieux*
> *Qu'il soit dans ta main*
> *Comme l'eau de la fontaine*
> *Bois-la vite*
> *De peur qu'elle ne s'écoule*

L'élève sur le *Chemin* devrait trouver ici la présence, la conscience avec laquelle aborder toutes les situations de la vie. Pour lui, chaque acte de la vie est un acte sacré - ou en tout cas devrait l'être. Agir en sachant que nous ne possédons qu'un nombre limité d'actes possibles et essayer de faire de chaque instant un moment de conscience, voilà ce que propose cette stance.

✧

Stance 6

O Fille de la Terre
Je veux t'enseigner
Le Silence intérieur
Il est ce manteau dans lequel
S'enveloppent les Sages
Chacune de leurs paroles
Est une étoile
Qui éclaire la nuit des hommes
Et leurs discours sont des soleils
Qui font se lever
Des jours nouveaux

Quand il y a le silence intérieur, la parole est libérée de l'élément subjectif des traits. Alors seulement elle est vraiment créatrice et peut aider les autres à devenir un peu plus libres.

Stance 9

O Fils de la Terre
Je veux t'enseigner
A dire la Vérité
Elle est comme le couteau
Qui partage les aliments
Entre frères
Mais elle peut être aussi dangereuse
Que le poignard
Prêt à transpercer le cœur
Qu'entre tes mains
Elle soit l'instrument du partage

Au n° 9, on peut dire la vérité, on est apte à partager son expérience, son vécu, son savoir, sa compréhension de *l'Enseignement*. C'est l'endroit de la transmission et du partage avec les autres. Cela sous-entend qu'alors on sait ce qu'on peut dire ou ne pas dire.

Jean-Marie Gries

GLOSSAIRE

Automatismes :

Dans votre vie de tous les jours, les automatismes déterminent vos façons habituelles de voir, d'agir et de penser. Ils sont liés à tous les domaines de votre vie et s'appliquent à votre propre personne mais aussi à tous les sujets qui font votre quotidien : les autres, le monde, la spiritualité, la religion, la politique, le sport, l'alimentation, etc...

Bavardage intérieur :

Il est cette habitude qui veut que dès que vous êtes seul, dès que votre attention n'est pas focalisée sur un Travail de réflexion, vos pensées s'installent automatiquement. En fait, vous vous parlez à vous-même ! Quelle est le sujet favori de cette conversation constante en vous-même ?... Vous-même évidemment !

Centres supérieurs :

L'être humain ordinaire possède 3 centres inférieurs : un centre physique, un centre émotionnel et un centre intellectuel. Il possède également 2 centres supérieurs à l'état de germe : un centre intellectuel et un centre émotionnel. Le *Chemin* consiste à donner vie au centre émotionnel supérieur qui, lui, donne vie au centre intellectuel supérieur. C'est le cheminement de l'homme-animal vers l'homme-esprit, le chemin vers l'*Eveil*.

Conscience (Etats de) :

L'être humain connaît quatre états de conscience : le sommeil, la veille, la conscience de soi et la conscience objective.

Conscience de soi :

C'est la conscience relative. Elle est au début du *Chemin* spirituel. C'est le début du développement de l'être en nous, de l'esprit en nous. Dans le domaine ésotérique, on appelle cet exercice qui nous rend par moments conscient de nous - de notre respiration, de notre posture, de ce que nous sommes là maintenant - *le rappel de soi.*

Conscience supérieure :

La connaissance spirituelle ou ésotérique n'est pas issue d'un cerveau humain, mais de ce qu'on peut appeler l'esprit supérieur, une conscience supérieure.

Considération extérieure :

La considération extérieure signifie *"se conformer"* extérieurement. C'est l'attitude qui résulte de la prise de conscience des besoins des autres : attention, respect, gratitude, aide, sympathie, gentillesse...

Considération intérieure :

Elle est cette exigence de votre égoïsme, de votre amour-propre qui veut qu'une grande partie de vos préoccupations soit axée sur ce que les autres devraient faire pour vous, comment ils devraient être à votre égard ou ce qu'ils vous doivent.

Ecole :

L'école est un organisme dont le but est de faciliter l'évolution des élèves à travers la transmission théorique et pratique de l'*Enseignement.*

Ecole de Psycho-Anthropologie :

Elle est une des manifestations de la *4eVoie* qui a la particularité d'être reliée à un maître vivant.

Enseignement de Psycho-Anthropologie ou P.A. :

Il est issu de la conscience supérieure et doit permettre à l'être humain de s'élever vers elle, à la fois en opposition aux forces terrestres et matérielles et au milieu d'elles. Il a pour origine la source même de tous les *Enseignements* spirituels tels qu'ils sont transmis dans les Ecoles de sagesse.

Essence :

Vous naissez avec votre *essence*. Elle est la structure de base de votre individu (tempérament, dons ou talents héréditaires). En elle repose également cette volonté d'évoluer de votre moi supérieur (Soi). C'est sur elle que se greffe votre personnalité qui naît de l'imitation, de l'éducation et des expériences. Votre *essence* est ce que vous êtes.

Eveil :

Si vous faites régulièrement l'exercice du *"rappel à soi"*, il arrivera peut-être un jour où vous serez constamment conscient de vous et en même temps conscient de ce qui se passe autour de vous. C'est ce qu'on appelle en Orient *l'Eveil*, être totalement éveillé.

Exigences :

Avoir des exigences, c'est penser que les autres, la société, la famille, les enfants, les voisins, la vie ou Dieu, vous sont redevables de quelque chose (respect, politesse, considération, admiration...).

Homme ordinaire :

C'est quelqu'un qui vit de façon tout à fait normale, que rien de particulier ne distingue, si ce n'est qu'il essaye de gagner son pain à la sueur de son front. Un jour il peut se mettre sur un chemin spirituel.

Homme évolué :

Celui qui acquiert certaines connaissances et développe les qualités morales. Une véritable connaissance porte en elle le *"savoir et l'être"* de l'individu qui veut connaître.

Identification :

C'est l'état dans lequel toute votre attention est concentrée sur une chose, une pensée, une émotion, à l'exclusion de tout le reste. Vous devenez entièrement cette situation, cette émotion ou cette pensée. Vous n'existez plus que par elle.

Image de soi :

Elle est le regard que vous portez sur vous-même. Elle est basée sur l'opinion, bonne ou mauvaise, que vous avez de vous-même.

Justification intérieure :

C'est ce processus qui vous permet de justifier, face à vous-même, la raison de vos actions, de vos pensées, bonnes ou mauvaises. Elle vous permet de toujours avoir raison, pour vous-même, et de garder bonne conscience, même lorsque vous avez tort et que l'action que vous posez n'est pas juste.

Libération intérieure :

Libération par rapport à l'orgueil, la vanité à l'amour propre, aux exigences et insatisfactions, à la jalousie à la déprime, à l'énervement...

Libération extérieure :

Libération par rapport à l'éducation, aux conditionnements (sociaux, familiaux, religieux, philosophiques, médiatiques...).

Maître de la 4eVoie :

Il doit nécessairement tirer l'autorité de son *Enseignement* d'un niveau de conscience supérieur.

Méditation :

La méditation n'est ni une religion, ni une philosophie, car elle ne s'embarrasse pas de discours creux, de spéculation vaines. On peut dire que c'est une voie, une quête vers l'authenticité et vers les vérités contenues dans le propre monde intérieur de chacun, et cela dans le respect des traditions individuelles.

Mouvements méditatifs :

C'est l'art du mouvement pratiqué depuis toujours dans les Ecoles de Sagesse et enseigné dans la *4eVoie*. De ces mouvements méditatifs sont issues toutes les techniques modernes, corporelles, pratiquées un peu partout mais également toutes les techniques anciennes qui se sont spécialisées, comme le yoga, le taï chi, l'eurythmie.

Observation de soi :

Elle est le premier Travail qui incombe à tout postulant sur un chemin spirituel. Celui qui s'engage sur un chemin exprime par là son désir profond, sa volonté de changer. Or, on ne peut changer que ce qu'on a reconnu en soi. Et pour reconnaître le "Soi", il faut déjà l'avoir observé...

Personnalité (vraie) :

La vraie personnalité est composée de tout ce qui est utile pour vivre de la façon la plus adéquate dans votre milieu familial, professionnel et social. C'est en elle aussi que se déposent tout votre savoir et votre savoir-faire terrestres. La vraie personnalité est faite de toutes les valeurs réelles. Votre personnalité est ce que l'on a fait de vous. Vous vous prenez pour votre personnalité, parce que vous ignorez tout de votre *essence*.

Personnalité (fausse) :

Elle est composée de tout ce qui nourri votre égoïsme : la vanité, l'orgueil, la fierté, vos rêveries quant à vous-même, vos sentiments négatifs comme l'apitoiement sur vous-même.

Psycho-Anthropologie :

La P.A. est un système, une philosophie théorique et pratique et un art de vivre qui, dans le cadre de la *4eVoie*, mettent un savoir et un savoir-faire à la disposition de ceux qui le veulent. Elle n'est ni une religion, ni une secte.

Rappel de soi :

C'est la pratique qui consiste à être conscient de ses pensées, émotions et mouvements en même temps que du monde extérieur.

Tampons :

Ils sont ces mécanismes qui font "tampon" entre les nombreuses contradictions qui existent en vous. En fait, ils rendent supportable en vous l'existence de vos contradictions, et vont vous permettre de vivre avec elles.

Traits :

Il y a 5 traits principaux : orgueil, peur, avidité, mensonge et abus de sexe. Chacun possède les cinq traits, mais à des dosages différents. A ces cinq traits il faut en ajouter onze autres qu'on appelle les traits secondaires.

Trait principal :

C'est sur le trait principal de votre personnalité que se greffent toutes vos qualités et tous vos défauts. Toute votre vie s'organise autour de lui.

Travail *:*

Mot générique pour toutes les activités d'Ecole et du *Chemin*. Il peut-être étendu à l'idée alchimique du *Grand Œuvre*. Il s'oppose à l'idée d'activité de la simple vie ordinaire. Le Travail conduit à un état d'équilibre et de sagesse. Il consiste pour l'homme à se comprendre lui-même, puis l'Univers et enfin à coopérer avec les lois de l'Univers.

Voie - La 4eVoie :

C'est la *Voie* de l'homme d'aujourd'hui. Cette *Voie*, contrairement aux trois autres, celles du fakir, du moine ou du savant, n'exige aucun renoncement au monde extérieur, mais permet à celui qui la suit une vie familiale, sociale et professionnelle normales. Elle demande de faire le Travail sur les trois voies en même temps : Travail sur lui-même, Travail avec les autres et Travail pour l'école ou l'humanité.

Extraits de Catalogues

Aux Editions de la Lumière

Livres
Auteur : P.J. Petri
Le Chemin du Monde Spirituel
Méditation, connaissance de soi et vie pratique
Sommeil, rêves et vie spirituelle
Christosophie ou La vraie vie de Jésus
Lève-toi et sors – Le Mystère de St.-Jean
Introduction à la 4eVoie
Psychologie et Esotérisme de la 4eVoie
Psychologie et Spiritualité de la 4eVoie
Maîtres et Initiés
Réincarnation et Récurrence - Tome I : La Mort vaincue
Se préparer à le Réincarnation : Tome II
Livre d'Art – P. J. Petri, Penseur et Peintre (français/anglais)

Auteurs : Françoise Zimmer et P.J. Petri
Les *Enseignement*s Secrets de la Franc-Maçonnerie

Auteur : Selim Aïssel
L'Eveil Spirituel
L'*Enseignement* d'un Immortel
La Vie redonnée ou dialogue avec un Immortel
Le Chant de l'Eternité
Les Grandes Idées Spirituelles à l'aube du 21e siècle
De la Méditation à l'Amour - Tome I
Méditation, Amour et liberté - Tome II
Le Livre Occidental de la Vie et de la Mort
Quand les oiseaux de fer voleront, le Dharma ira en Occident
La Réalisation Spirituelle

Aimer le Chemin Spirituel
La Vie est Présence
De l'Islam au Soufisme – Réflexion d'un Ami gnostique
Les Mouvements qui guérissent - Dervish Extasis

Auteur : *Pir Kejttep Ançari*

La Psychologie Spirituelle – Tome I – L'Alchimie intérieure
La Psychologie Spirituelle – Tome II – L'équilibre psychologique
dans la recherche spirituelle
Zen en Mouvements – L'Art du Mouvement Méditatif

CD Musique et Chants

Musiques Soufies d'Orient et d'Occident
...*"Et la Caravane passe..."*
Le Chant de l'Eternité, version intégrale n° 101
L'Immortelle, morceaux choisis, version n° 102

Aux Editions Spiritual Book

Auteur : *P.J.Petri*

Pensées de Vie

Auteur : *Selim Aïssel*

La Nouvelle Psychologie Spirituelle – Tome I : Les Traits du
caractère
Pratique de la connaissance de soi et des autres – Nouvelle
Psychologie spirituelle **
Une Ecole de Sagesse aujourd'hui
Amour et Sexualité sur le Chemin Spirituel
Pensées Spirituelles Impertinentes
Votre type psychologique par l'Ennéagramme

Auteur : *K. Hon-Yin*

Le petit Livre Chinois de l'Harmonie et du Bonheur

Achevé d'imprimer en février 2001
sur les presses de l'Imprimerie
SAGIM à Courtry (France)

Dépôt légal : 02/01
ISBN : 2-913837-16-6
N° d'impression : 4811